Fritz Herdi   Zu Befehl, Korporal!

Zu Befehl, Korporal!

222 Witze vom und übers Schweizer Militär
plus Kostproben aus der Soldatensprache

gesammelt von Fritz Herdi

Nebelspalter-Verlag, Rorschach

Illustrationen Jacques Schedler

1. bis 10. Tausend
Alle Rechte vorbehalten
© 1979 Nebelspalter-Verlag Rorschach
Druck: E. Löpfe-Benz AG, Rorschach
Printed in Switzerland
ISBN 3 85819023 3

Vorhut ohne Gefecht

Frage: Was entsteht, wenn eine Dampfwalze versehentlich einen Lehrer überfährt? Berühmte Antwort: ein Ferienprospekt. Durch Erfahrung gewitzigt, wird man mit einem solchen Scherz nicht ausgerechnet zu einem Lehrer rennen und ihn fragen, ob er den gut finde. Der Schuhmacher im Quartier und der mit Arbeit überhäufte Prokurist wird, nehmt alles nur in allem, eher darüber lachen als der Schulmeister. Dafür hat man möglicherweise den Lehrer als Lacher auf der Seite, wenn man einen Schuhmacher- oder einen Prokuristenscherz zum besten oder zweitbesten gibt. Manch einer ist branchenempfindlich.

Aber durchaus nicht jedermann. Ich habe nämlich mit meinem ersten Witze- und Sprüchebüchlein «Herr Haupme, Füsilier Witzig» ausgesprochen angenehme Überraschungen erlebt. Zum Beispiel: Die seit zehn Jahren bestehende Zeitung «Information Inf Div 6», also das Blatt der Felddivision 6, widmete dem Bändchen eine ganze Seite. Und schoss nicht etwa mit schwerem Geschütz auf das Sammelgut, sondern findet es sympathisch, dass nie versucht wurde, die Armee lächerlich zu machen: «Es wird nie die Institution als solche unter Beschuss genommen, sondern immer nur ihre Schwachstellen und Auswüchse sind Ziel der oft äusserst träfen ‹Sprüche›. So gesehen ist die Sammlung auch Ausdruck des lebendigen Wehrwillens: Der Soldat, der sich über etwas lustig macht, sucht seine Situation im Rahmen des Ganzen zu verbessern oder sie – bei besonders grossen Anstrengungen – erträglich zu machen. Besonders interessant ist der Mittelteil, der eine Zusammenstellung unzähliger Soldatenausdrücke enthält. Selbst wer den zehnten WK auf dem Buckel hat, lernt hier noch Neues.»

Schönen Dank! Vor Ihnen liegt jetzt, geschätzter Leser, das zweite Bändchen mit Soldatenhumor. Mit Witzen. Und wiederum mit einer Sammlung von Soldatenausdrücken, die ich teilweise Mitteilungen aus dem Leserkreis zu verdanken habe. Auch dafür herzlichen Dank! Fritz Herdi

Zürich, im Sommer 1979

Zur Zeit der Schweizer Grenzbesetzung 1914–1918 waren die Rangunterschiede weniger deutlich auf den Offiziersuniformen markiert als heute. General Ulrich Wille begegnete in Begleitung eines Obersten einem einfachen Soldaten, der kaum Notiz von ihm nahm. Der Oberst knöpfte sich den Mann vor und fragte: «Gsehnd Sie dänn nid, wär vor Ihne schtoht?»

Der Soldat musterte den General und antwortete: «En Divisionär?»

Dann, als der Oberst unwillig protestierte, leicht unsicher: «En Brigadier?»

Und, weil der Oberst schlechtgelaunt abwinkte, schüchtern: «Öppe en Oberscht vonere andere Truppegattig?»

General Wille machte dem Rätseln ein Ende. «Gehen wir weiter!» sagte er zum Obersten, «sonst degradiert mich der Mann noch zum Korporal.»

General Wille hatte eine Nase, wie man sie später beim Schauspieler Heinrich Gretler wieder sah.

Man erzählt, Wille habe in der Gaststube jeweils einen Zweier oder einen Dreier bestellt, gleichzeitig auf seine Nase gedeutet und dann jedesmal Roten serviert bekommen haben.

Eines Tages allerdings bestellte er ein Dreierli, deutete auf seine Nase. Aber die Serviertochter war neu im Lokal und sagte: «Violette hämmer leider e keine!»

General Ulrich Wille pflegte Leute, die ihm in den Mantel helfen wollten, mit den Worten abzuwehren: «Danke, es geht *soo* schon schwer genug!»

Spielleute werden als Sanitäter ausgebildet. Ein junger Offizier soll General Wille gefragt haben, warum Trompeter und Tambouren nicht mit Gewehren ausgerüstet würden.

Darauf der Oberbefehlshaber angeblich: «Es heisst doch: Spiele nicht mit Schiessgewehr!»

Als sich vor dem Zweiten Weltkrieg ein Oberst bei Ulrich Wille, damals Oberstdivisionär, gegen die bei schweizerischen Offizieren in Mode kommende ausländische Sitte des Handkusses für Damen wetterte, antwortete Wille: «Mir gefällt der fremdländische Handkuss besser als die schweizerische Sitte, respektive Unsitte, Serviertöchter in den Popo zu kneifen.»

Anfänglich erkannten im Ersten Weltkrieg nicht alle Soldaten Physiognomie und Rangabzeichen General Willes. Der Hauptmann einer Grenzkompanie redete den unerwartet Aufgetauchten zum Beispiel immer wieder mit «Herr Oberst» an.

Als der General sich zur Weiterfahrt wieder in den Wagen begab, nahm der Kadi flott Achtungstellung an: «Herr Oberscht, Haupme Chlötzli meldet sich ab!»

Der General legte darauf die Hand an die Mütze und schnarrte: «Herr Hauptmann, General Wille meldet sich ab.»

Ein Soldat kommt schon des Morgens um halb zehn Uhr aus dem Wirtshaus. Der Hauptmann erspäht ihn zufällig und fragt barsch:

«Füsilier Meier, werum chömed Sie am Morge-n-am halbi Zähni scho us em Wirtshuus?»

«Herr Haupme, mit vier Fränkli Sold chan ich jo nid bis zoobig i de Beiz umesuuffe!»

Ein Gast sprach Paul Chaudet in einem Restaurant an: «Nichts für ungut, aber Sie sehen dem Chef des Eidgenössischen Militärdepartements unglaublich ähnlich. Man hat Sie bestimmt schon mit ihm verwechselt.»

«Stimmt», antwortete Bundesrat Chaudet, worauf der andere fortfuhr: «Seien Sie froh, dass Sie Chaudet nur ähnlich sehen, aber nicht Chaudet sind. Da hätten Sie wenig zu lachen.»

General Henri Guisan inspizierte ein Westschweizer Regiment. Während er die Front abschritt, trat unerwartet ein Mann samt Gewehr vor, nahm vor Guisan Achtungstellung an, meldete sich und fragte: «Darf ein gewöhnlicher Soldat seinem höchsten Vorgesetzten die Hand geben?»

Guisan schaltete fast innert Sekundenschnelle, schüttelte dem Mann die Hand. Der Soldat trat ins Glied zurück. Nach der Inspektion kassierte er bei jenen Kollegen Geld ein, mit denen er vorher eine entsprechende Wette abgeschlossen hatte.

Henri Guisan, kurz vorher Schweizer General für die Zeit des Zweiten Weltkrieges geworden, besucht ein Bataillon. Der Bataillonskommandant, ein Major, ist äusserst nervös und meldet in der Aufregung: «Herr Major, General Wäckerli!»

General Guisan lächelt und meint sanft: «Wir sind rasch befördert worden, nicht wahr?»

Drei Offiziere betraten im Aktivdienst 1939/45 einen Gasthof, setzten sich, entdeckten durch eine spaltbreit geöffnete Tür in einem Nebensäli General Guisan bei Tisch. Darauf sagten sie zur Serviertochter: «Mir nämed drüü Mittagässe, und zwar genau s gliich wie de Gäneral.»

Sie warteten gutgelaunt in der Annahme, der Oberbefehlshaber leiste sich im Nebenstübchen etwas Gutes, zumindest einen schönen Mocken Fleisch. Ihre Gesichter wurden eine Spur länger, als die Serviertochter dreimal Teigwaren mit Spiegelei brachte...

EMD-Chef Paul Chaudet pflegte sich sehr hurtig einzustellen, wenn irgendwo Aussicht auf die Einrichtung eines neuen Waffenplatzes bestand. Während man noch werweisste, ob sich das EMD wohl dafür interessiere und einen Augenschein vornehme, hiess es (laut Alfred Rasser) im Militärdepartement längst: «Scho deet, scho deet!»

Kaisermanöver 1912. Wilhelm II. ist als Gast der Schweiz mit von der Partie, hält sich mit Offizieren beim Mittagessen im Toggenburg auf. Er hat vom Appenzellerwitz gehört und tönt an: er möchte gern einen Witz nicht nur hören, sondern auch sehen.

Ein Offizier begibt sich mit dem Kaiser zu einem Bauern in der Nähe, erklärt diesem den Wunsch des Kaisers. Der Bauer bittet Majestät um ihren Helm. Der Offizier will abwehren, aber Wilhelm II. stellt dem Appenzeller kommentarlos und gespannt seinen Helm zur Verfügung. Kurz danach trottet ein Ferkel mit aufgesetztem Kaiserhelm aus dem Stall. Hinterher trabt aufgeregt ein zünftiger Eber.

«Nanu», wundert sich Wilhelm II., «wo liegt denn da der Witz?»

«Also, Herr Kaiser», antwortet der Bauer, «lugen Sie nur: kleine Sau *hat* Helm, grosse Sau ‹*will* Helm›.»

Nach Abbruch der schweizerischen Manöver im Jahre 1912, denen Kaiser Wilhelm II. als Gast beiwohnte, fand die übliche Manöverbesprechung statt, im Soldatenjargon «Bergpredigt» genannt. Manöverleiter Ulrich Wille soll dabei dem deutschen Kaiser einige Offiziere vorgestellt haben: «Majestät, dies ist Oberst Soundso, mein Schwager, dies ist Oberst Ypsilon, ein Bruder meines Schwagers, dies ist Hauptmann Zett, ein Sohn meines...» Da sagte der deutsche Generalstabschef von Moltke zum Kaiser, der neben ihm stand: «Sehen Sie, Majestät, genau wie bei uns!»

Kaiser Wilhelm II. fragt im Verlauf der schweizerischen Kaisermanöver 1912 einen biedern Schweizer Soldaten: «Angenommen, ihr seid hier 500 Mann, und euch stehen 1000 feindliche Mann gegenüber, was macht ihr dann?»

«Kein Problem, Majestät», antwortet der Biedere, «wir laden einmal nach.»

Als ein Offizier sich besonders zackig und geräuschvoll meldete, sagte General Ulrich Wille bloss milde: «Potztausend, potztausend!»

Eine Zeitung detaillierte in der Legende unter einer Photographie: «Bundesrat Gnagi im Flughafen Cointrin auf Besuch.» Damit war das Wortspiel perfekt, an welchem einer schon anfangs 1966 herumgepröbelt hatte mit dem Spruch: «Ab heute im Bundeshaus heisse Gnägi.»

Der Chauffeur General Guisans wird immer wieder gefragt, wie lange der Weltkrieg noch dauere. Ob der General sich nie darüber äussere.

Der Chauffeur verspricht: Sobald er Konkretes hört, wird er es melden. Eines Tages berichtet er tatsächlich: Soeben habe Guisan mit ihm über das Kriegsende gesprochen. Was denn? wollen die andern wissen. Und der Chauffeur freundlich: «Er hat mich gefragt, wie lange der Krieg nach meinem Gefühl noch etwa dauern könnte.»

Aktivdienst 1939/45. Ein Leutnant in der Theorie:
«Wär isch de Hööchscht i üserer Armee?»
«De Gäneral Guisan.»
«Guet. Und grad under ihm?»
«Sis Ross.»

Eine deutsche Zeitschrift informiert über ein Schreiben, das eine Walliser Bäuerin an General Guisan gerichtet haben soll:

«Sehr geehrter Herr General! Mein Mann, mein Sohn und mein Maulesel sind zu Militärdiensten eingezogen worden. Wegen der dringenden Feldarbeiten bitte ich Sie, meinen Sohn und meinen Maulesel zu beurlauben. Meinen Mann, den Süffel, können Sie ruhig behalten!»

Grenzbesetzung 1914/18. Im Jura meutert eine Truppe. General Wille bemüht sich persönlich in die Gegend, lässt die Truppe antreten und ruft schneidend: «Wisst ihr, was ihr seid? Böögge seid ihr!»

«Heiri, was haltisch vom Chef vom Eidgenössische Militärdepartement?»
«Ich find en schaurig guet. Sit er im Amt isch, hämmer dihaim Rueh und Orrnig: d Goofe sind alewiil underwägs, zum neimet gägen en z demonschtriere.»

1965 wurde Rudolf Gnägi zum Bundesrat erkoren. In der «Schweizerischen Beamten-Zeitung» vom 9. Dezember 1965 stand zu lesen: «Bundesrat Rudolf Gnägi wurde am 3. August 1917 als jüngster von vier Söhnen (neben zwei Töchtern) von Nationalrat Gottfried Gnägi im Bauerndorf Schwadernau im Seeland geboren.» Dazu schrieb einer: Offenbar bestehe auch in der Schweiz weiterhin die berüchtigte arabische Wertskala, wonach Töchter nur nebenbei und in Klammern vermerkt werden.

«Häsch gläse, de Bundesroot Gnägi verdienet 200 000 Franke im Johr. Was miechtisch, wännt gliich vill Zapfe hettisch wie de Chef vom Militärdepartement?»
«Weiss i nid. Aber interessiere wüürds mi, was de Gnägi miecht, wänn er *miis* Löhnli hett.»

Was ist die Mörgelistube? Der Ausdruck gilt noch immer im Studio des Deutschschweizer Fernsehens. Dr. Ernst Mörgeli war einst Bundeshaus-Korrespondent für das Fernsehen. Dann wurde er Pressechef des EMD, aber der Name fürs Bundeshausstudio ist geblieben.

Eine deutschschweizerische Tageszeitung erkundigte sich in einer Umfrage nach Sackmessern. Ob dieser und jener einen Hegel im Sack habe. Das Blatt fragte (1978) auch beim EMD wegen Chef Gnägi an. Der Pressechef wehrte ab: Darüber dürfe keine Auskunft gegeben werden. Der Chef des Militärdepartements, Bundesrat Gnägi, liess aber kurz danach, in der zweiten Märzhälfte 1978, als er sich 200 Schülern in Sempach für Auskünfte stellte, munter wissen: «Ich trage kein Taschenmesser mit mir herum.»
Über die EMD-Pressestelle wurde bei dieser Gelegenheit innig gelächelt. Und kurz darauf gab ein Basler Blatt, allerdings nicht direkt in diesem Zusammenhang, zu bedenken: Da heisse es immer, das helvetische politische Cabaret sei tot. Dabei habe man doch noch das EMD.

Mit Anspielung auf General Ulrich Wille ein geflügeltes Wort in Deutschland zur Zeit des Ersten Weltkrieges, als gewisse Kreise angeblich daran dachten, die Schweizer für ihre Sache zu gewinnen: «Wo ein Wille ist, da ist kein Weg.»

Nixon hat zu wenig Offiziere und fragt bei Dayan an, ob er sich von Israel eine Anzahl ausborgen dürfe. Und, wenn ja, wieviel das koste.

Dayan könnte im Prinzip Offiziere abgeben, verlangt aber pro Mann und Tag 200 Dollar. Nixon schaut sich nach Preisgünstigerem um und klopft beim französischen Präsidenten an. Auskunft: Jawohl, Offiziere leihweise frei, macht 200 Francs pro Mann und Tag.

Nixon fragt, bevor er den Franzosen zusagt, noch bei Bundesrat Rudolf Gnägi an. Gnägi: Jawohl, leihweise eine Anzahl Offiziere abzugeben. Preis: 5 Fr. 70 pro Mann und Tag.

Nixon ist begeistert, fragt aber zurück: «Warum die seltsame, ungerade Preissumme?»

Der Bundesrat und EMD-Chef darauf: «Die 70 Rappen sind Flaschenpfand.»

Neben jedem Bundesratsbüro stand während des Zweiten Weltkrieges eine Schildwache. Bundesrat Philipp Etter konnte damals wegen einer Arthritis in einem Arm seinen Mantel nicht allein anziehen und bat eines Tages – im Sekretariat war niemand – den Landstürmler beim Büro, ihm in den Mantel zu helfen.

Der Soldat winkte ab. Grund: Er gebe sein Gewehr nicht aus der Hand. Etter erklärte ihm die Sache mit der Arthritis und sagte schliesslich: «Allen Respekt vor Ihren Grundsätzen und Ihrer Pflichtauffassung. Aber dem Bundesrat Etter könnten Sie doch behilflich sein.»

Der Landstürmler blieb hart: «Bundesrat hin, Bundesrat her, ich gebe mein Gewehr nicht aus der Hand.» Erst als Etter ihm vorschlug, er werde mit einer Hand das Gewehr halten, gab der Mann nach und half Etter in den Mantel.

Bundesrat Philipp Etter jasste gern und viel. Er schrieb einmal: «Ohne Jass konnten wir uns schon einen langen Grenzdienst (1914/18) nicht mehr vorstellen. Ein fröhlicher Match zählte mehr, als wenn wir ein ganzes feindliches Regiment in die Flucht geschlagen hätten. Da galt der ‹Bauer› mehr als ein Oberstdivisionär, und hundert vom Banner abwärts bis zum Sechser wogen mehr als nur fünfzig vom Ass hinunter zum Under, will sagen als das ganze Korps der schmäler oder breiter gekrönten Offiziere. Der Soldatenjass hat viel zur Kameradschaft beigetragen, und nach meinem unmassgeblich gewordenen Urteil sollte das Eidgenössische Militärdepartement zur Erhöhung unserer Wehrkraft für jeden Wiederholungskurs eine Olympiade im Wettkampf der Könige und der Bauern ins Kursprogramm aufnehmen. Sie jassen ja alle, vom Oberstkorpskommandanten bis herunter zum Leutnant und zum letzten Füsilier. Der Jass befreit, der Jass macht kämpferisch, der Jass zeigt, wie man den bösen Feind in die Pfanne hauen soll!»

Ein Sappeur, Maurer von Beruf, wird von einem Offizier erwischt, während er im Dienst aus einer Guttere Wein kneipt.
«Sie wüssed, das Alkoholgnuss wäret der Exerzierziit verbotte-n-isch.»
«Herr Lütnant, ich ha schaurig Tuurscht ghaa.»
«Dänn hettid Sie chöne Wasser trinke!»
«Wasser? Ja nei, Wasser bruuched mir Muurer zum Beton und Pflaschter aa-mache!»

Vor der Musterung trinkt einer, der lieber Geld verdienen als Dienst machen möchte, literweise starken Kaffee, um wegen zu hohen Blutdrucks abgewiesen zu werden. Aber es nützt nichts. Später macht er die RS, muss sich wegen einer Erkältung behandeln lassen. Der Militärarzt untersucht bei dieser Gelegenheit dieses und jenes und meint schliesslich: «Nimmt mi eigetli no wunder, dass Sie mit somene niedere Bluetdruck bim Militär aa-choo sind.»

Der EMD-Chefposten ist nicht eben das populärste Amt. Bundesrat Paul Chaudet (1954–1966) bekennt in seinen Erinnerungen, dass die Mirage-Flugzeugaffäre auf seinen letzten drei Bundesratsjahren lastete. Daneben war noch dieses, war noch jenes. Item: Ungefähr zwei Jahre vor Paul Chaudets Rücktrittserklärung zirkulierte der Spruch: «Bundesrat Chaudet geht nur noch barfuss, damit man ihm nicht mehr alles in die Schuhe schieben kann.»

Unter Bundesrat Chaudets Einfluss gab das Parlament die Entwicklung des schweizerischen Flugzeugtyps «P 16» auf und beschloss den Ankauf von 100 französischen «Mirage 3». Die Anschaffung drohte so teuer zu werden, dass die Bestellung später auf 57 Apparate reduziert wurde.
Der «Mirage»-Vogel gehörte zu den grossen Sorgenkindern des Militärdepartementchefs. Die einen witzelten: «Die Mirages fliegen so hoch, damit man die Preisetikette nicht lesen kann.»
Die anderen behaupteten: «Eine Mirage kam beim Start nicht vom Boden weg, weil sich wegen der nicht entfernten Preisetikette Übergewicht ergab.»
Und 1964 scherzte man, Chruschtschow sei gestürzt worden, weil er dem Chef des Eidgenössischen Militärdepartements die verbleibenden 54 Mirages habe abkaufen wollen.

«Was isch eigetli der Underschied zwüschet üserne ‹Mirages› und de Militärflugzüüg vo anderne Ländere?»
«Die ussländische flüüged.»

EMD-Chef Rudolf Gnägi, mit seiner Familie in einem Einfamilienhaus am Südhang des Gurten angesiedelt, nahm als Berner Regierungsrat schon häufig seinen zweitältesten, schulpflichtigen Sohn sowie einen wartenden Schulkameraden seines Juniors des Morgens ein Stück weit im Auto mit. Frau Gnägi (vormals Vreni von Allmen, Krankenschwester) bemerkte dazu im Dezember 1965: «Am Morgen nach der Bundesratswahl aber haben gleich vier Mitschüler vor dem Tor gewartet. Gegenwärtig hat der Bundesrat halt noch Neuigkeitswert, doch wird das bald vorbei sein.»

Ausbildung bei der Luftwaffe. Plötzlich setzt hoch droben in der Luft ein Flugzeugmotor aus, gleich danach bricht beim andern Feuer aus. «So», sagt der Instruktor gleichmütig, dieweil er seinen Fallschirm festschnallt und zur Tür geht, «jetzt kei Unrueh und kei Panik, sondern schön warte! Ich go gschwind go Hilf hole.»

Authentisch: Bundesrat Hans Hürlimann seinerzeit Oberst und Stabschef der 9. Gebirgs-Division unter Fontana. Mit Auto und Chauffeur fahren Divisionskommandant und Stabschef ausgangs Chur ins Unterland. Ihre Mützen haben sie beim Heckfenster deponiert.

Unterwegs entdecken sie einen Leutnant, der am Strassenrand als Autostopper wartet. Fontana bittet Hürlimann, auszusteigen und dem Burschen die Kappe zu waschen. Hans Hürlimann knöpft sich den jungen Offizier vor, rüffelt ihn zünftig, macht ihn darauf aufmerksam, dass sein Tun gegen die militärischen Bestimmungen verstösst. Und fügt bei: «Überhaupt, melden Sie sich gefälligst an!»

Der verdatterte Leutnant nimmt (damals noch) Achtungstellung an und ruft: «Herr Offizier, Lütnant Habermacher!»

Darauf Hans Hürlimann: «Was heisst ‹Herr Offizier›? Kennen Sie nicht einmal meinen militärischen Rang?»

Der Leutnant geistesgegenwärtig zum Oberst Hans Hürlimann, der beim Aussteigen die Mütze des Divisiönlers erwischt hat: «Herr Offizier, uf was sell ich luege? Uf de Huet oder uf d Achselpatte?»

Resultat dieser Geistesgegenwart: der Divisionskommandant und der Oberst nahmen den Leutnant im Auto mit bis nach Sargans.

Einquartierung in ländlicher Gegend. Kühe weiden draussen auf den Wiesen.

Korporal: «Kanonier Müller, werum händ d Chüeh Glogge um de Hals?»

«Das nid ii-schloofed bim Frässe, Korporal.»

Der Knirps ist zusammen mit seiner Schulfreundin bei Kameraden zum Zvieri eingeladen. «Du Bappe», bittet er den Vater, der soeben Oberst geworden ist, «wüürdisch bitte d Uniform aa-bhalte, wänn du s Heideli und mich mit em Auto zum Zvieri bringsch?»
«Jo, werum?»
«Weisch, s Heideli tänkt dänn vilicht, mir heigid en Schofför.»

Ein neugebackener Rekrut aus einem kleinen Dorf steht auf dem Kasernenhof, ohne einen vorübergehenden Offizier zu grüssen. Der schnarrt ihn an:
«Käned Sie mich nid?»
«Nei», reagiert der Rekrut bedächtig. «Werum, bisch öppe au vo Krillwange?»

«Was hämmer i de letschte Theorie duregnoh?»
«Gradabzeiche, Herr Haupme.»
«Also, Rekrut Schöberli, a was käned Sie mich?»
«A de Brüle und a de Baggebärtli.»

«Rekrut Schöberli, was ghöört zumene guete Soldat?»
Schöberli: «Vaterlandsliebi, gueti Schueh, gnueg z ässe und möglichscht vill Urlaub.»

Oberst Hauenstein begrüsst im Vorbeigehen einen anderen Obersten, der vor einer Mannschaft steht, mit einem freundschaftlich-zivilen «Guete Morge, Kollega», winkt zu den Soldaten hinüber und sagt jovial-beiläufig: «Guete Morge, Soldate!»
Kräht einer: «Gliichfalls en guete Morge!»
Oberst Hauenstein geht weiter. Sein Kollege vor der Truppe aber ruft wütend: «Was für en Toorebueb isch das gsii?»
«De Oberscht Haueschtei», piepst es zurück.

Füsel Meier beginnt auf dem Tippel zu hinken, bleibt zurück und setzt sich ins Gras. Der Korporal:
«Was isch los, Füsilier Meier?»
«Mir tüend d Füess weh.»
«Uf d Zäh biisse müend Sie!»
«Chum ich erscht i drüü Wuche zrugg über.»

Jeden Tag vor zwölf Uhr marschiert einer aus der Soldatenküche mit einem Eimer Suppe über den Kasernenplatz, und jeden Tag vor zwölf taucht wie zufällig der Oberst auf, steckt seinen Zeigefinger in die Suppe und sagt:
«Hät en Guu wie Abwäschwasser.»
So auch heute. Der Oberst taucht den Finger in die Flüssigkeit, schleckt ihn ab, meint vorwurfsvoll: «Hät en Guu wie Abwäschwasser.»
«Zu Befehl, Herr Oberscht», sagt der Soldat, «hüt *isch* es tatsächlich Abwäschwasser.»

Rekrut Walk ist ein Musterbeispiel von Undiszipliniertheit, kombiniert mit Hang zu Schabernack und dummen Streichen. Weder Spezialdrill noch gute Worte, weder Strafen noch ernsthafte Mahnungen unter vier Augen nützen etwas. Der Schulkommandant bittet schliesslich sogar Walk senior schriftlich, er und die Mutter möchten ihren Sohn nach Möglichkeit positiv beeinflussen, ihn zum Gehorsam ermahnen.
Zehn Tage später stellt der junge Walk wieder Unfug an, kassiert drei Tage scharfen Arrest. Der Schulkommandant knöpft sich den Undisziplinierten vor und fragte: «Hät de Vatter Ihne dänn nid gschribe?» Strahlt Walk junior: «Doch doch, ich lis es Ihne vor! Do schtoht: ‹Mein lieber Sohn, Dein Schulkommandant hat mir Deinetwegen geschrieben. Was ich da über Dich las, versetzt mich in Begeisterung. Ich bin richtig stolz auf Dich und darauf, dass Du beim Militär Leben in die Bude bringst. Du schlägst Deinem Vater und Deinem Grossvater nach und bist ein richtiger, echter Walk.›»

Auf die Frage, wer es im Militärdienst am schönsten habe, pflegten die Artilleristen und Kavalleristen zu sagen: der Pferdeapfel. Denn: er darf im Stall rauchen, die Offiziere weichen ihm aus, die Spatzen sorgen für seine Zerstreuung, und der Staat kümmert sich um sein Fortkommen.

«Frau Schäberli, wie gfallts au Ihrem Bueb i de Rekruuteschuel?»
«Prima, tänkezi, er macht bereits Karriere, er isch jetzt scho i de zweite schtatt blos i der erschte Kompanie.»

Der Gatte, von längerer Geschäftsreise im Ausland heimgekehrt, wirft seiner Frau vor:
«Me verzellt, du hebisch mich betroge, wo-n-ich furt gsii bin.»
«Jo, aber weisch nu zweimal.»
«Mit wäm?»
«Mit eme Fuessballklub und mit ere Sappeur-Kompanie.»

Das Kompaniechalb nach dem Hauptverlesen: «Gottlob han ich scho kei Gält meh. Hütt wär ich so im Schuss, das ich ales wüürd vertuble, wo-n-ich hett.»

Der Feldprediger (als solcher automatisch mit Hauptmannsrang) an einer Himmelfahrtspredigt zur Truppe: «Soldate, wänn ihr eu überleged, wie d Himmelfahrt vor sich ggange-n-isch, dänn töörfed ihr nid tänke ‹bumm wie ne Kanonechugle› oder ‹ffitt wie ne Gwehrchugle›, sondern ‹lüri lüüri lüüri› wie ne Lerche.»

Die Mutter so stolz wie uninformiert:
«Min Sohn isch Gfreite, aber sehr nett mit sine Undergäbene.»

Grosse Manöverübung.
«Füsilier Müller, Sie grabed jo vill zwiit abe, däwäg chönd Sie doch de Find vom Schützegrabe-n-uus nid gseh.»
«Bi au nid neugierig, Herr Lütnant.»

Bei der Einteilung der Rekruten wird ein junger Tapezierer nach seinem Beruf gefragt.

Der Rekrut stotternd: «Ta... tata... tatata...»

«Guet», entscheidet der Offizier, «Sie eigned sich am beschte für d Uusbildig am Maschinegwehr.»

Eine junge Frau auf Velotour entdeckt einen kleinen, von viel Gebüsch umstandenen See. Blick in die Runde: kein Mensch. Sie entledigt sich ihrer Kleider, schwimmt ein paar erfrischende Runden, steigt aus dem Wasser und legt sich pudelnackt an die Sonne. Plötzlich taucht ein Offizier auf und kommandiert: «Tarnübung Ende! Kompanie rechtsumkehrt, vorwärts marsch!» Und die Büsche marschieren ab.

Aktivdienst. Wochenlang nichts als exerzieren, essen, schlafen. Und vielleicht noch jassen. Ein Oberst sucht eines Tages eine Grenztruppe auf, die seit zwei Monaten nur trainiert und wartet. Er fragt einen Soldaten:

«Was würded Sie mache, wenn jetzt en Find über d Gränze chääm?»

«Herr Oberscht, drüü flotti Gwehrgriff chlopfe, Uuslege-Oornig erschtele, nooluege, ob d Feldfläsche nid schtinki und ob ich no drüü Noodle heig.»

«Und werum miechted Sie uusgrächnet daas?»

«Will mir sit zwei Monet praktisch nüüt anders gmacht händ.»

So ungefähr überliefert's der Berner Schriftsteller Eugen Wyler aus der Grenzbesetzung 1914/18.

Während einer Übung auf freiem Feld tritt ein Rekrut seinem Korporal versehentlich auf die Zehen.

«Verteli nomol, chönd Sie nid neimet anderscht häre trampe?»

«Korporal, wänn ich deethii trampe chönnt, wo-n-ich wett, dänn chönnted Sie zäh Tag nüme hocke.»

«Füsilier Müller, mit was fangt men aa bim Gwehrbutze?»
«Herr Haupme, me lueget zeerscht d Gwehrnummere aa zum sicher sii, das me nid es frömds reiniget.»

«Kanonier Meier, nähmed mer aa, Sie schpaziered zoobig mit Ihrem Schätzli. Uf eimol schtohn ich vor Ihne. Was wüürded Sie mache?»
«Herr Lütnant, ich wüürd probiere, Sie abzlänke, damit i däre Ziit Ihri Bruut cha verschwinde.»

Der Leutnant ist im Dienst. Seine Frau erwartet Nachwuchs. Und zwar wird's, wie Tests und Tanten auf Vorschuss versichern, ein Mädchen sein. Der Leutnant bittet um telegrafische Benachrichtigung, wenn's soweit ist. Damit Drittpersonen nicht verstehen, worum es geht (was zu einem teuren Zechgelage führen würde), wird vereinbart, für den Text einfach das Sätzchen «Sofakissen eingetroffen» zu verwenden.

Trotz Tests und Tanten bringt die Frau ein Bübchen zur Welt. Der Leutnant erhält sein Telegramm. Drin steht: «Sofakissen mit Quaste eingetroffen.»

«Füsilier Schöberli, mit was für einere händ Sie geschter znacht im Kasernehof gschmuuset?»
«Chunnt druff aa. Um weli Ziit?»

Ein Leutnant hat das, was man freundlich als Silberblick bezeichnet. Mit andern Worten: er schielt. Er übernimmt einen neuen Zug, lässt ihn antreten auf ein Glied. Fragt den ersten im Glied:
«Wie heissed Sie?»
Antwortet der zweite: «Meier.»
Der Leutnant: «Ich ha nid Sie gmeint!»
Antwortet der dritte: «Ich ha jo gar nüt gsait!»

Eine Truppe macht Dienst in Interlaken. Wo noch, den Fremden zuliebe, Rösslikutschen verkehren. Um Mitternacht hat die Mannschaft im Kantonnement zu sein. Drei Mann fehlen. Der erste kommt mit einer Stunde Verspätung. Er habe mit der Rösslikutsche heimfahren wollen, da sei das Pferd unterwegs tot umgefallen. Urteil des Kadi: «Drüü Tag scharfe-n-Arrescht!»

Der zweite Soldat taucht eine Viertelstunde später auf. Er habe eine Rösslikutsche gmietet, unterwegs sei der Gaul mausetot umgefallen. Der Kadi: «Macht au drüü Tag Scharfe!»

Schliesslich trudelt auch der dritte Mann ein. Bevor er zu Wort kommt, ruft der Hauptmann: «Wänn Sie jetzt au no dä Chabis verzapfed vo de Rössligutsche und em toote Ross, dänn kassiered Sie füüf Tag Scharfe!»

Der dritte Soldat schüttelt verneinend den Kopf. Und sagt: «Nenei, ich han en Taxi gnoo. Aber dää hät nid chöne dure, will tooti Ross uf de Schtrooss de Wäg verschpeert händ.»

Der Aushebungsoffizier zu einem Stellungspflichtigen:
«Wo möchted Sie ii-teilt wärde?»
«Ich möcht zu de Pontonier.»
«Chönd Sie schwümme?»
«Ja werum, händ ihr kei Schiff?»

Der Offizier ruft einen Gefreiten herbei.
«Gfreite, Sie sind im Zivil doch Zoolog. Dänn wüssed Sie doch sicher, was das für en komische Chäfer isch a däm Schtruuch-Zwiigli?»
«Zu Befehl, Herr Lütnant, e Hagebutte!»

Ein kurzhaariger Soldat witzelt über die Lockenpracht eines Kameraden. Dieser kontert:
«Du traisch jo dini Hoor nu churz, das dich dis Riibise dihaim nid cha draa zehre, du Feigling!»

Manöver. Ein junger Offizier, als Adjutant seines Onkels tätig, der Divisionär ist, kreuzt im Gelände bei einem wartenden Regiment auf und meldet dem Kommandanten: «Min Unggle sait, Ihres Regiment sell vorrucke, Richtig Nordoscht.»

«Sosooseli?» witzelt der kommandierende Oberst ironisch, «und was sait dänn Ihres Tanti dezue?»

«Was hät me us em letschte Weltchrieg glehrt, Rekrut Schöberli?»

«Nüt, Herr Haupme!»

Bestimmte Spezialtruppen brauchen pro Wiederholiger ihre Sturmgewehre vielleicht ein- oder zweimal, etwa des Schiessabzeichens wegen oder so. Zum Beispiel die Funker, oft die «Silbergraue» genannt nach der Pattenfarbe, so wie die Infanteristen «die Grüene» sind, die Panzertruppen (und früher die Kavalleristen) «die Gääle».

Des raren Waffengebrauchs wegen hat sich, zum Beispiel bei den Funkern in Bülach, die Scherzfrage auf Gegenseitigkeit herausgebildet: «Was händ ihr doo Schwarzes am Rugge?» Gemeint ist natürlich das Sturmgewehr.

Im Aktivdienst gab es die Hundeführer mit Schäfern und mit Bernhardinern. Hunde bewachten unter anderem Munitionsdepots und Abschussrampen, und der Bund bezahlte Hundemarken, Verpflegung und Impfungen. Vor allem aber wurden die Hunde als Sucher und Helfer bei Lawinenkatastrophen ausgebildet.

Item: ein Bernhardiner musste wegen Beschwerden zum Tierarzt. Ausgiebige Untersuchung. Darauf der Veterinär zum Militär-Bernhardiner:

«Settisch halt echli weniger suuffe!»

Rechtfertigt sich der Bernhardiner, das berühmte Cognac-Fässlein am Hals: «Was wänd Sie, ich mues schliessli mit de Grettete amigs aa-schtoosse!»

Rekrutenprüfung.
«I welere Schlacht isch de Arnold vo Winkelried gschtoorbe?»
«Ich glaub, i sinere letschte.»

Training. Fallschirmabsprung. Der Ausbilder zu einem Soldaten: «Underwägs bim Abschprung uf drüü zele und dänn de Fallschirm uufmache!»

Der Mann hat Mühe, bis auf drei zu zählen. «Keis Problem», meint der Ausbilder, «säged Sie eifach ‹Win-ne-tuu›!»

Kurze Ruhe. Dann klopft's von draussen an das Flugzeug. Der Ausbilder öffnet die Luke, entdeckt draussen den mit beiden Armen am Flugzeug hängenden Soldaten. Fragt: «Herrgott, was isch los?»

Darauf der Fallschirmheld: «Wie heisst jetzt dä Indianer scho wieder?»

«Füsilier Hueber», ermahnt der Leutnant einen lebenslustigen Soldaten, der regelmässig über den Durst kneipt und im Ausgang Kettenraucher ist, «die alte Eidgenosse händ überhaupt nid graucht, und trunke hänsd vill weniger als mir. Sie setted sich es Vorbild nää a däne!»

«Was heisst doo Vorbild, Korporal? Was isch us däne woorde? Tood sinds, eine wie der ander.»

Der drahtige russische Marschall Suworow, zeitweise Geliebter der Zarin Elisabeth, soll im Verlauf einer Diskussion in Zürich so angesprochen worden sein: «Marschall, über russische Politik müssten Sie uns eigentlich genau Auskunft geben können. Sie waren doch die Pompadour Russlands!»

Der Feldweibel will dem Kompaniekommandanten die Kompanie melden und befiehlt Achtungstellung.

Da ruft einer: «Und sie bewegt sich doch!»

Feldweibel zornig: «Wer hät das gsait?»

Stimme aus dem Hintergrund: «De Galileo Galilei!»

Feldweibel: «Guet, de Galileo Galilei chunnt dänn noch em Hauptverläse zu mir ufs Kompaniebüro, verschtande!»

Ein Sohn vom Land muss in die Zürcher Militärkaserne einrücken. Vor dem Eingang begegnet er einem Offizier, tut aber nichts dergleichen.

«He», stellt der Offizier den schlichten Soldaten zur Rede, «chönd Sie nid grüesse?»

«Werum?»

«Sie gsehnd doch minere Uniform aa, das ich Lütnant bin.»

Da meint der Landsohn gemütlich: «Potztuusig, doo wird dini Muetter aber Freud haa!»

Rekrutenschule. Erste Nacht in der Kaserne. Rekrut Müller zu seinem Bettnachbarn des Morgens:

«Läck, säg emol, schnaarchsch du immer eso schaurig?»

Der Gefragte: «Nei nei, nu wänn ich schloofe.»

Soldat Ypsilon schiesst chronisch daneben. Der Zugführer wird hässig und hässiger. Und sagt schliesslich, einen Augenblick unbeherrscht: «Füsilier Ypsilon, Sie haueds am beschte zum Schützehuus uus und jaged sich die letscht Chugle dur de Chopf.»

Füsilier Ypsilon reagiert: «Verschtande!» Er verschwindet. Plötzlich ein scharfer, lauter Knall neben dem Schützenhaus. Der Zugführer-Leutnant erschrickt, erbleicht. Hoffentlich hat Ypsilon seinen Spruch nicht für bare Münze genommen! Aber nach ein paar Sekunden taucht Füsilier Ypsilon wieder im Schützenhaus auf und meldet sich an: «Herr Lütnant, Füsilier Meier. Scho wieder denäbet!»

Ein Offizier erwischt auf einem Marsch einen Soldaten, der gemogelt hat:

«Sie sind dänn de Glettscht. Liechts Heu im Tornischter schtatt Ihri Effekte.»

«Herr Oberlütnant, schtimmt nid. Es isch kei Heu, sondern Emd.»

Zu den ältesten Soldatenwitzen gehört zweifellos die Geschichte vom Artillerierekruten, der die RS in Frauenfeld macht, scheusslich stier ist und seinem Vater schreibt:
«Vater, verkaufe Kalb und Feld
und schick das Geld nach Frauenfeld!»
Postwendend trifft die ebenfalls gereimte Antwort des Vaters ein:
«Verkaufe weder Vieh noch Feld,
das Kalb ist schon in Frauenfeld.»

Ein Soldat schreibt seiner Mutter, er sei im Dienst Gefreiter geworden. Mama erzählt die Neuigkeit sofort einer Nachbarin und fragt sinnierend: «Isch das ächt hööcher als Gäneral?»

Dialog aus der Hundstageperiode:
Der Artillerie-Unteroffizier zu einem Soldaten:
«Wänn Sie de Uuftrag hettid, es Kanonerohr z mache, wie giengtid Sie vor?»
«Ich würd es Loch näh und en Schtahlmantel drumume mache.»
«Und wo nähmed Sie s Loch här?»
«Ich nimm es Oferohr und mache s Bläch ewägg.»

Der Hauptmann reitet vor der Kompanie. Auf einmal wird der Gaul unruhig, bäumt sich auf, schlägt aus. Eine Bremse hat sich an ihm festgesogen.
«Was hät dänn dä choge Gaul?» zürnt der Hauptmann.
Tönt's von hinten: «Es hocket halt es Viich druff!»

Der Hauptmann: «Aa-gnoo, Sie schtönd znacht uf Poschte. Uf eimol chunnt öpper vo hine und leit d Ärm um Sie ume. Was säged Sie dänn?»
«Sofort loosloh, Schätzi, susch fang ich no Chischte ii, wänn en Hööchere dezuelauft.»

Manöverübung. Ein Oberst stösst auf ein Grüppchen Soldaten unter Leitung eines Korporals. Was sie tun, will er wissen. Der Korporal: «Zu Befehl, Herr Oberscht, mir sind uf Patrouille.»

«Händ ihr Chaarte?» fragt der Offizier, andeutend, dass Kartenlesen zum Patrouillengang gehört.

«Jawoll, Herr Oberscht, nu de Eggenunder und s Schälebanner fähled tummerwiis!»

Ein Schulkommandant und ein Zivilist bummeln durch die Stadt. Der Offizier wird immer wieder von Rekruten gegrüsst. Der Kommandant erwidert die Grüsse und brummelt hinterher jeweils: «Sie mir au!»

Schliesslich fragt der Zivilist, was der Nachsatz zu bedeuten habe. Meint der Schulkommandant: «Wüssed Sie, ich bi schliessli au emol Rekrut gsii und weiss, was die Puurschte bim Grüesse tänked.»

Kabarettist Alfred Rasser behauptete immer wieder, EMD sei die Abkürzung von «Eidgenössisches Milliarden-Depot».

Unter den Fenstern des Eidgenössischen Militärdepartementes stehen Demonstranten und rufen laut: «Fuuli Cheibe, fuuli Cheibe!»

Die Polizei wird eingeschaltet, die Demonstranten werden zu Gefängnisstrafen verurteilt. Grund: «Verbreitung militärischer Geheimnisse.»

«Herr Haupme, ich sett en Tag Urlaub haa. Mues dihaim unbedingt de Gaarte umeschtäche.»

«De Feldweibel hätt chürzli prichtet, Sie heigid überhaupt kein Garte!»

«Was? Dänn mues en öpper vom Fänschterbrätt ewäggnoo haa.»

Die Offiziersordonnanz zum Bataillonskommandanten:
«Herr Major, chame eigetli gschtrooft wärde für öppis, wome gar nid gmacht hät?»
«Blödi Froog. Natüürli nid!»
«Dänn isch jo alles beschtens!»
«Und werum frööged Sie?»
«Wil ich Ihri Schueh nid putzt ha, woni hett sele.»

Angeblich ein Satz von General de Gaulle: «Ein Mädchen, das einen Soldaten heiratet, beweist Klugheit. Denn ein Soldat kann kochen und nähen, ist von kräftiger Gesundheit und ans Parieren gewöhnt.»

Der Divisionär berichtet nach dem Dienst daheim im Freundeskreis eine Episode aus den Manövern: Er inspiziert einen Truppenteil vorn an der «Front», die vorzüglich in Deckung liegt, dieweil der «Feind» supponiert darüber hinwegschiesst. Da ruft ein LMG-Schütze dem Divisiönler im Dämmerlicht zu, ohne ihn zu erkennen: «He, du Torebueb, heb de Grind abe!»
Fragt eine Bekannte: «Und was händ Sie gmacht uf die unverschämt Bemerkig abe?»
Der Divisionär: «De Chopf ii-zoge.»

«Inschtrukter, Sie settid doch hüroote!»
«Werum?»
«Wills doch schad wär um d Witwepension.»

Die Frau eines Soldaten wendet sich an den Hauptmann: «Chönntid Sie nid emol mim Maa zuerede. Er isch immer so wüescht mit mir.»
Der Hauptmann: «Jo, das goht mich eigetli nüüt aa.»
«Und er schimpft au immer über Sie, Herr Haupme.»
«Und das goht eigetli *Sie* nüüt aa.»

Der Kellner hat frische Tauben empfohlen. Im Restaurant sitzt ein Gast, hat eine gebratene Taube als Delikatesse vor sich. Mit dem Zerteilen freilich klappt's schlecht. Der Vogel ist fürchterlich zäh. Beim Durchsäbeln ritzt er mit dem Messer plötzlich ein Röhrchen an, zieht es heraus und entnimmt ihm einen gerollten Zettel. Darauf steht: «Wir greifen an im Morgengrauen. Napoleon.» Ausgeflattert, liebe Brieftaube!

Im Tessin, behauptet ein Scherzwort aus den fünfziger bis siebziger Jahren, sei die Schweizer Armee nicht sehr populär. Grund: Die Deutschen haben nicht gern fremde Truppen in ihrem Land.

Der Leutnant bei der Manöverübung:
«Füsilier Meier und Füsilier Müller, ihr taarned eu als Chüeh und poschtiered eu i de Wise.»
Meier nachdenklich: «Zu Befehl, Herr Lütnant, aber...»
«Do gits keis Aber, e sone Taarnig bringt doch en rächte Soldat zwääg.»
«Das schoo, Herr Lütnant. Aber was mached mir, wänn d Magd uf d Waid chunnt zum d Chüeh mälche?»

«Heize? Jetzt?» schnaubt der Fourier. «Für was dänn? Verusse isch es zwölf Grad.»
«Aber i de Kaserne nu acht.»
«Dänn mached d Fänschter uuf!»

Der General taucht persönlich beim Train auf. Unter anderem fragt er einen Soldaten: «Wüssed Sie, wievill Sorte Haber das es gitt?»
«Weiss ich, Herr Gäneral. Im ganze vier.»
«Und wele-n-isch de tüürscht?»
«De Oberbefehls-Haber, Herr Gäneral.»

Der Feldweibel lässt die Kompanie antreten. Alle kommen angesaust, stellen sich in Reih und Glied auf.

Der Feldweibel schaut nach links und ruft: «He, Sie deet hine, dä mit em Helm, das gilt au für Sie!»

Ein Gefreiter klärt auf: «Feldweibel, das deet hine isch doch en Hydrant.»

«Schpilt doch kein Rugel, au d Akademiker händ sich i Reih und Glied z schtele!»

Der katholische Feldprediger zum beichtenden Soldaten: «Sappeur Wittler, händ Sie i däre Wuche gfluechet?»

«Nei, Herr Haupme.»

«Sappeur Wittler, ich fröög Sie nomol luut und tüütlich: Händ Sie i däre Wuche gfluechet?»

«Nei, Herr Haupme.»

Dem Feldprediger geht die Geduld aus: «Jetzt schtärnecheib, schtriited Sies doch nid schtur ab, ich ha Sie doch sälber ghöört flueche!»

«Sie händ sich meini nid rasiert dää Morge!»

«Doch doch, han ich, Feldweibel.»

«So? Dänn schtönd Sie s nööchsch mol gfeligscht nööcher an Rasierapperat ane!»

Der Sanitätsgefreite zum Sanitätshauptmann: «Herr Haupme, de Simulant im Bett vier isch hütte morge gschtoorbe.»

Füsilier Müller schiebt Wache, langweilt sich gottsträflich, qualmt zum Zeitvertreib einen schönen Stumpen. Ein Offizier kommt vorüber, stellt sich vor ihm auf und fragt schneidend: «Füsilier Müller, werum sell en Soldat uf Wach nid rauche?»

Darauf der Soldat: «He jo, Sie sägeds, Herr Oberlütnant, werum eigetlich nid?»

Nach der Oswald-Reform in der schweizerischen Armee kommt ein Divisionär zusammen mit einem Major an einer Kompanie vorbei, die ihn überhaupt nicht beachtet.

«Ja», fragt der Divisionär sanft verwundert, «säged d Mannschafte nümen emol grüezi?»

Meint der Major freundlich: «Divisionär, probiered Sies doch emol mit Zuewinke. Vilicht winkeds zrugg, es sind kei Unmäntsche.»

Der Korpis zum Rekruten:

«Eim in Ihrem Alter sett me das jo nüme müese säge: Me grüblet nid mit em Zeigfinger i de Nase.»

«Mit welem dänn?» fragt der Rekrut zurück.

Spass muss sein. Sogar im Militärdienst. Sagt sich eines Tages Leutnant Köpfli und setzt eine Belohnung aus für den Soldaten seines Zuges, der sich am faulsten geben könne. Drei Mann melden sich. Der erste räkelt sich gähnend auf einem Stuhl. Der zweite legt sich schlapp auf den Boden, legt den Kopf auf den Arm und pennt.

Der dritte Mann jedoch bleibt einfach stehen, wo er schon vorher gestanden hat.

«Was isch?» fragt der Leutnant.

«Ich bi tänk no z fuul zum Umgheie.»

Der US-Soldat, nach Kriegsende in Deutschland stationiert, lernt im Wochenend-Urlaub ein Mädchen in Zürich kennen, besucht sie noch zweimal, spricht von Liebe und Treue. Eines Tages lässt er nichts mehr von sich hören, beantwortet auch ihre Briefe nicht. Schliesslich schickt sie ihm ein letztes Schreiben: «Da es ja aus ist zwischen uns, bitte ich Dich, mir meine Foti zurückzuschicken. Hannelore.»

Acht Tage später erhält sie einen Brief vom G.I. In der Enveloppe befinden sich drei verschiedene Frauenbilder sowie ein Karte mit dem Satz: «Bitte suche die Foto heraus, die Dir gehört. Ich habe leider vergessen, wie Du aussiehst.»

Befehl in einer Berner Einheit: «Die Soldaten haben den Wald im Laufschritt zu durchmessen, damit das Efeu nicht dazukommt, sich an ihren Beinen hochzuranken.»

Der Soldat hat ein Telegramm erhalten und bittet:
«Herr Haupme, ich sött en Tag Urlaub ha wägere Formalität bim Notar. Es goht um hunderttuusig Franke, wo-n-ich erbe.»
«Füsilier Wipfli, Sie sind doo zum Dienscht mache und nid zum Erbe.»

«Fourier, Füsilier Schöberli, ich bruuch unbedingt es Paar neui Schueh.»
«Jo, wohrschinli, die sind no guet gnueg, d Armee hät kei voorigs Gält.»
«Fourier, und ich säg Ihne, die sind eso duregloffe... also, wänn ich uf en Zähräppler ue schtoh, märk ich dur d Sohle dure, ob Chopf oder Zahl obe-n-isch.»

«Lütnant, was würded Sie kommandiere, wänn Sie und Ihri Lüüt vo allne Himmelsrichtige vo der Erde und vo de Luft uus aa-griffe würdid?»
«Helm ab zum Gebet!»

Der Feldweibel will der Mannschaft beibringen, dass charakterliche Qualitäten und weitere Eigenschaften den guten Soldaten ausmachen. Und sagt: «Mit em Uniformtschoope elei isch es nid gmacht. Was ghöört no dezu, Füsilier Meier?»
Füsilier Meier: «Hose!»

Füsilier: «Ich han en schaurige Kohldampf, ich glaub, ich chönnt es ganzes Ross ässe.»
Fourier: «Und genau das gits inere Viertelschtund.»

Der Feldweibel schreit durch den Kasernenkorridor:
«I zwei Minute isch die ganz Kompanie paraad zum Appell im Kasernehof!»
Kräht einer zurück: «Töörf me au früener choo?»

Ein Hauptmann, ein Oberleutnant und ein Feldweibel bummeln durch die Zürcher Bahnhofstrasse. Auf der andern Strassenseite stolziert eine wunderhübsche Blondine mit Pelzmantel und Windhund vorbei.
Da sagt der Hauptmann: «De Pelzmantel hät sie vo mir.»
Sagt der Leutnant: «De Windhund hät sie vo mir.»
Ergänzt der Feldweibel nicht unstolz: «Und d Augering hät sie vo mir.»

«Kamerade», ruft Kanonier Schümperli, «ihr glaubed jo nid, was für Kohldampf das ich han. Vorig, wo mer de Feldweibel ‹Chalbschopf› gsait hät, isch mer direkt s Wasser im Muul zämegloffe.»

Der Küchenchef vom Nobelhotel absolviert seinen WK, ebenfalls als Chef de cuisine. Mittwochs gibt's Suppe, Spatz, Bohnen und Kartoffeln.
Des Morgens schnüffelt der Major in der Küche herum: «Was isch hüt uf em Menü?»
«Herr Major, Consommé du jour, Côte de bœuf au raifort, haricots verts, pommes de terre sautées Reine Sylvia.»
«Märssi», staunt der Major, «en bäumige Frass!»

Füsilier Huber wird für einen WK beurlaubt und holt ihn bei einer anderen Einheit nach. Am Dienstag morgen auf dem Programm: Schiessen.
Fragt einer abends: «So, Hueber, häsch öppis troffe im Schüüss-Schtand?»
«Jo, drüü alti Bekannti!»

Der Leutnant kommandiert: «Achtung! Rechtes Bein hoch! Guet. Und jetzt: Linkes Bein hoch!»

Einer in der Reihe macht's verkehrt, hält das rechte Bein neben dem linken des Kameraden rechts hoch. Der Leutnant von weitem:

«Was für en komische Kauz hebed deet hine beidi Bei ue?»

«Herr Haupme, chan ich en Tag Urlaub ha?»
«Für was?»
«Ich hüroote am Samschtig, und do wär ich ganz gern sälber debii.»

Der Feldweibel lässt die Kompanie antreten und merkt, dass er sein Notizbuch vergessen hat.
«Füsilier Müller, saused Sie gschwind is KP und lueged Sie noo, uf em erschte Tisch linggs sett mis Notizbuech lige.»
Müller spritzt davon, kommt nach fünf Minuten zurück: «Feldweibel, Befehl ausgeführt, s Notizbüechli liit tatsächlich uf em erschte Tisch linggs!»

«Kanonier Gubler», lobt der Kommandant, «alli Achtig, alle Reschpäkt. Sie händ Ihres eige Läbe uf s Schpiil gsetzt, zum zwei Kamerade vor em Vertrinke z rette.»
«Herr Oberscht, isch doch nid de Reed wärt. Und schliessli sind mer jo beed no je füüf Schtutz schuldig gsii vom Jasse geschter znacht.»

Zwar ergibt die Auswertung von Stellungsberichten, dass die Appenzeller, vor Zeiten tatsächlich im Durchschnitt wesentlich kürzer als andere Schweizer, punkto Körpermass massiv aufgeholt haben. Dennoch reissen die Föppeleien nicht ab.
An einer Inspektion müssen viele Gewehrläufe von Appenzeller Einheiten beanstandet werden. Man geht der Sache nach und findet heraus: Zahlreiche Appenzeller haben sich mit genagelten Schuhen an einem Wettlauf durch die Gewehrläufe beteiligt.

«Mir händ en Appezäller mit Flöh i de Kompanie ghaa.»
«Uusgschlosse! Wänn scho, dänn händ d Flöh Appezäller, aber nid umkehrt.»

Rekrutenprüfung. Müller hat Schwierigkeiten beim Rechnen.

«Wievill gänd zwanzg und vierzäh?»

Müller denkt nach, zuckt die Achseln. Antwortet: «Ich weiss es nid.»

«Tüend Sie jasse?»

«Jawoll, liideschaftlich.»

«Also, wievil Punkt mached de Puur und s Näll zäme?»

«Vieredriissgg, Herr Oberscht!» kräht Müller wie aus der Pistole geschossen.

Protest des Kadis in einer Appenzeller Kompanie: Militärgamellen dürfen ab sofort im Zivilleben nicht mehr als Badewannen benützt werden.

Soldat Müller schiesst miserabel. Zetert der Leutnant: «Grauehaft, Müller, und geschter händ Sie plagiert im ‹Leue›, Sie sigid Jeger. Was händ Sie dänn im Härbscht uf de Jagd troffe?»

«Au nüüt, Herr Lütnant.»

Füsilier Meier ist zur Inspektion aufgeboten, reinigt vorher sein Gewehr und fragt bei der Auskunft, Telefon 111, an:

«Fräulein, nüüt für unguet, ich ha vorig mis Gwehr putzt. Chönd Sie mer säge, wie me de Verschluss wider zämesetzt?»

Meier ist soeben zum Gefreiten ernannt worden. Am gleichen Abend bummelt er mit seinem Gschpusi durchs Dorf, begegnet dem Hauptmann, grüsst aber nicht.

Der Hauptmann: «Gfreite Schmelzer, chönd Sie nid grüesse?»

Der Gefreite verwundert: «Doch doch, aber ich han gmeint, die Hööchere känid denand.»

Ein Stellungspflichtiger zum Aushebungsoffizier: «Ich chan uusgschlosse Dienscht mache. Erschtens bin ich ghürootet, zweitens hani scho Zwilling, drittens schteck ich tüüf i de Schulde und risggiere Pfändig, viertens hani allpott Chopfweh und füftens schtinkt mir s Soldäätele.»
«Mit andere Worte: Sie sind vollkomme normal», reagiert der Oberst.

Just als der Bund die Kavallerie abzuschaffen gedenkt, vernimmt man, dass die Appenzeller im Begriff seien, eine eigene Kavallerie-Einheit aufzustellen. Voranzeichen: die Appenzeller haben Meerschweinchen zur Aufzucht angeschafft.

Der Fourier: «Es hät wider eine gmuulet über de Frass. Hüt gits emol öppis Psundrigs. Mit ‹R› fangts aa. Was meined ihr?»
Die Soldaten rätseln: «Rindsbroote, Rehpfeffer, Ragout, Roastbeef.»
Grinst der Fourier verschmitzt: «Falsch! Errr-bsli!»

Kanonier Meier, bataillonsweit bekannter Stänkerer und Reklamierer, kommt mit einem blauen Auge aus dem Urlaub zurück. Sein Kadi mustert ihn und sagt:
«Gälezi, Kanonier Meier, dihaim chönd Sie nid eso uschiniert umemuule wie-n-im Dienscht!»

Mit dick verbundenem Kopf rückt ein Soldat ein.
«Was isch los mit Ihne, Kanonier Meier?» fragt der Feldweibel.
«Mini Frau isch i de Färie. Ich bi grad am Hose bügle, lüütet s Telefon, ich wott abnäh und truck us Verseh s heiss Glettise schtatt de Hörer an Chopf.»
«Und was isch dänn mit der andere Siite vom Chopf?»
«Hä, ich ha dänn doch grad wele em Tokter aa-lüte!»

Der Soldat gerät in Weissglut und sagt im Zorn zum Hauptmann, zu einer intimen Goethefeier einladend: «Läcked Sie mir doch...!»

Der Hauptmann steht eine Sekunde starr, eilt dann dem flüchtenden Soldaten nach.

Biegt der Major um die Ecke und fragt den Hauptmann:

«Werum frääsed dänn Sie däm Soldat noo?»

«Dä hät gsait zu mir, ich sell ihm am...»

Darauf der Major gemütlich: «Und prässiert das därewäg?»

Vier Knirpse diskutieren miteinander auf der Strasse. Der erste renommiert:

«Min Vatter isch Lütnant.»

Der zweite übertrumpft: «Min Vatter isch Oberlütnant.»

Der dritte steigert: «Und min Vatter isch Haupme.»

Darauf kurzes Schweigen. Dann fragen die drei den vierten Knirps: «Und was isch mit dim Vätsch?»

Der vierte knapp: «Min Vatter hät Aarbet.»

Trompeter Huber wird, wie alle Spielleute, als Sanitäter ausgebildet. Theorie ist fällig.

«Rekrut Hueber, wie gönd Sie vor, wänn Sie merked, das eine anere Ohnmacht umemacht?»

«Ich gib em en Cognac.»

«Richtig. Aber wänn kei Cognac ume-n-isch?»

«Dänn verschprich ich em eine.»

Die Kompanie steht vor dem Feldweibel.

«Füsilier Müller vorträtte!» kommandiert er.

«De Füsilier Müller isch nid doo», antwortet ein Kamerad, «er hät...»

«Rueh!» donnert der Feldweibel. «De Füsilier Müller sell sälber Antwort gää!»

Der Stellungspflichtige, nicht scharf auf Militärdienst: «Herr Oberscht, ich gsehne de Find erscht uf ein Meter Dischtanz.»

Der Aushebungsoffizier lässt eintragen: «Tauglich. Vor allem für Nahkampf geeignet.»

Feldweibel im Kantonnement: «E Luft isch do hine i däm Egge. Füsilier Hueber, sind Sie dää, wo d Socke nid wächslet?»

«Feldweibel, Füsilier Hueber. Ich wächsle mini Socke laufend. Dä wo gschter am lingge Fuess gsii isch, isch hüt am rächte, und moorn chunnt er wider an lingge. Aber wänn das nid langet, chan ich natürli au über de Mittag no wächsle.»

Der Hauptmann ertappt zwei Soldaten beim verbotenen Biertrinken während der Dienstzeit.
«Wäm ghööred die Fläsche?» fragt er streng.
Antwortet der eine: «De Brauerei Feldschlössli.»

Röbi zu Heiri: «Du, werum saisch du eigetlich em Paul immer Chriegskamerad? Sid ihr uf de Welt sind, isch jo bi üüs no nie Chrieg gsii.»
«Häsch recht, Röbi. Aber weisch, mir händ am gliiche Tag ghürootet.»

«Rekrut Meier, abkommandiert zum Härdöpfelschele i de Chuchi!»
«Feldweibel, ich ha gmeint, d Armee sig modern und hebi Härdöpfelschelmaschine.»
«Hät sie, Rekrut Meier, und Sie sind s neuscht Modell!»

Ein Kanonier nimmt während des Wacheschiebens einen Schluck Schnaps aus einer Feldflasche, die er in der Tasche bei sich hat. Pech: ein Hauptmann ist Augenzeuge, brummt ihm drei Tage scharfen Arrest auf. Und sagt:
«Sie wüssed jo, werum Sie drüü Taag Scharfe ii-fanged?»
«Jawoll, Herr Haupme, wil ich bim Wachschiebe en Schluck Schnaps gnoo ha.»
«Nei, sondern wil Sie sich debii händ vertwütsche loo.»

Die Mutter eines Rekruten bittet den Schulkommandanten, ihren Sohn für einige Tage zu beurlauben. Sie brauche ihn dringend im Geschäft.

«Gueti Frau», sagt der Oberst, «das goht doch nid. Ich mues schliessli au doo bliibe und chan nid hei.»

«Jo schoo, aber das isch nid s gliich. Min Sohn hät schliessli en Pruef glehrt.»

Der Soldat vor dem ersten Fallschirmabsprung: «Was isch, wänn de Fallschirm nid uufgoht?»

«Keis Problem, dänn reklamiered mer bi de Firma, wonen gliferet hät.»

Ein Korpis übt mit seinen Leuten Distanzenschätzen. Einer tippt auf 400 Meter. «450!» ruft der nächste. «500!» der übernächste. Da fragt ein just des Weges kommender Major: «Hallo, was wirt doo verschteigeret?»

Ein Füsilier verliert im Manöver Anschluss und Orientierung, taucht schliesslich im Alleingang bei einem bemannten Posten auf und wird von einem Sanitäter gefragt: «Sueched Sie d Verpflägigsschtell?»

«Nei, ehnder s Gägeteil», erwidert der Soldat.

Der Bataillonsstab sitzt abends im Säli des «Sternen» gemütlich beisammen. Ein Leutnant bietet dem Major einen Stumpen an. Der Major winkt ab:

«Tanke, sehr nett vo Ihne, aber ich rauche nu, wän ich voll bin.»

Es wird zehn Uhr. Es wird elf Uhr. Es wird schliesslich Mitternacht, und die Runde höckelt noch immer. Da greift der Leutnant nochmals zum Stumpenpäckli, hält es dem Major hin und sagt freundlich:

«Herr Major, wän ich mich nid sehr tüüsche, isch es jetzt Ziit zum eini paffe.»

Rauh, aber nicht bös gemeint pflegt sich ein Militärarzt den Patienten gegenüber auszudrücken. Ein Soldat, als Flohner und gelegentlicher Simulant nicht unbekannt, kommt mit einem Wehwehchen ins KZ.

Der Sanitätsoffizier grimmig: «Scho wieder en Esel, wo über en Schtei gschtolperet isch?»

«Nei», rächt sich der Füsel, «Ruggeweh han ich, Herr Veterinär.»

Das Kompaniechalb lässt sich vor dem Urlaub noch rasch beim Dorfcoiffeur rasieren. Und sagt:

«Wänn Sie jetzt dänn nid bald es neus Mässer chaufed, gohn ich zum Schriiner und lo mich hoble.»

«Herr Haupme, der oberscht...»

«Füsilier Meier, es heisst ‹de Herr Oberscht›...»

«Befehl, Herr Haupme, also de Herr oberscht Chnopf vo Ihrem Hoselade isch offe.»

Inspektion durch einen hohen Offizier bei einer Grenztruppe während des Aktivdienstes 1939/45. Jeder Angesprochene meldet, wie für solche Fälle eingebläut, nicht nur möglichst zackig, sondern auch möglichst kräftig. Bis der Brigadier bremst: «Mälded doch nid so choge luut, me ghöört das Gschnorr jo bis is Tüütsch use!»

Während der Aktivdienstzeit im Zweiten Weltkrieg wurden für den Grenzschutz Auszug, Landwehr und Landsturm zusammengezogen. Ein junger Soldat, soeben aus der RS zur Aktivtruppe gestossen, hänselte einen älteren Soldaten:

«Ihr mit euerem Metall-Johrgang: Gold im Muul, Silber im Hoor, Blei i de Chnüü!»

Kontert der Landstürmler: «Bi dir fangts meini au scho aa mit em Metall, em Blääch aa, wo d zämeschnorisch.»

Unter den Fenstern des Eidgenössischen Militärdepartementes stehen Demonstranten und rufen laut: «Fuuli Cheibe, fuuli Cheibe!»

Die Polizei wird eingeschaltet, die Demonstranten werden zu Gefängnisstrafen verurteilt. Grund: «Verbreitung militärischer Geheimnisse.»

Ein Soldat erzählt: «Muesch lose, gschter bin ich ganz i de Nööchi vom Gäneral Guisan gschtande. Er schtoot drüü Schritt vor mir, lueged mer diräkt i d Auge...»

«Und dänn?» unterbricht die Gattin gespannt.

«Dänn isch er wiiter gloffe.»

«Werum sind Sie vo de Flügertruppe ewägg und händ sich umteile loo?»

«Mir isch es nu wohl bi offene Fänschter.»

Zwei junge Mannen sitzen in einem Restaurant.

«Du», sagt der eine und zeigt diskret auf einen Gast in einer anderen Ecke des Lokals, «isch das deet äne nid de Feldprediger, womer im Dienscht ghaa händ?»

«Dä deet? Jo, wär no möglich. Hätt scho öppis vonem, aber gäll, wie wotsch eine im Zivil käne, wo me immer nu inere Uniform gseh hätt, und dänn erscht no sälte.»

Sie werweissen noch kurze Zeit. Dann steht der eine von ihnen auf, geht langsam an den andern Tisch. Er will's genau wissen. Und fragt höflich:

«Äxgüsi, nüüt für unguet, aber min Koleeg und ich wetted schaurig gern...»

Da fährt der Gast ihn an:

«Lönd mich in Rueh, ihr Grasaffe, und mached, das er em Tüfel zuechömed!»

Die zwei jungen Mannen bezahlen ihre Zeche, verlassen das Lokal. Sagt der eine zum andern: «Jetzt wäärded mer halt nie erfahre, obs de Feldprediger gsii isch oder nid.»

Grossmufti
bis Nudleheiri

Adjutant:
Chegelbueb, Fahneschwinger, Garçon, Schnuersiech (wegen Schnurabzeichen).

Aushebungskommission:
Heldesieb.

Aushebungsoffizier:
Baggerfüehrer.

Büroordonnanz:
Bürochlammere, Prothese, Bürochriesi-Aschpirant (Bürochriesi = Hämorrhoiden).

Divisionär:
Chranzturner, Chrischtbaum, en Garnierte (wegen Mützenschmuck), Oberammergauer.
Auch für Brigadier und Korpskommandant.

Divisions-Gericht:
Bahnhofvorstand, Pharisäer-Konzil.

Feldprediger:
Bibelhusar, Cholehändler (schwarz), Hallelujafeldweibel, Schwarzsänder, Seelechüeni, Seelelöter, Seelemasseur, Seelemuuser, Unservaterfeldweibel.

Protestantischer Feldprediger:
Prosak = protestantische Sündenabwehrkanone.

Katholischer Feldprediger:
Kasak, Roosechranzhusar.

Feldweibel:
Chettlehund, Exerzitiemeischter, Feldräuel, Gouvernante, Jagdhund, Kompaniemuetter, Linierichter, Munitriiber, Planggeheiland, Planggeschtürzer, Planggeschpion, Urlaubsmarder.
Zum bellenden Hund: «Wotsch Feldweibel wäärde?»

FHD:
Eff-Haa-Düüse, Lippeschtiftbrigade.

Fourier:
Chuchi-Oberjodler, Frässliferant, Gipsverwalter (Gips = Geld), Kompanie-Rappeschpalter, Magenoberscht, Monetetiger, Nudleheiri, Zahlmeischter.

Gefreiter:
Gfreute, Gfroorne, Ghürootne, Korporalsetzlig, Schmalschpurkorpis, Ungfreute, Verheite, Vorarbeiter, de hööchscht Graad vo de Gemeinheit.

Hauptmann:
Grossmufti, Güggel, Häuptlig, Hopphopp, Kadi, Kompaniekomödiant, Polier, Schilte-Under, Schmalschpuroberscht, Vatter, Zirkusdirekter, en ticke Näbel.

Kader:
S Gäder.

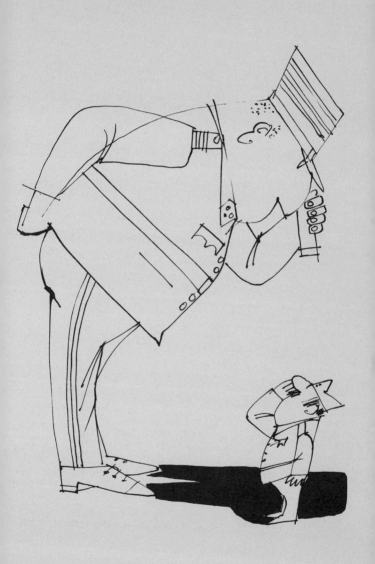

Korporal:
Bande-Chef, Gruppefuehrme, Gruppetiger, Knorperal, Knoschperal, Korpis, halbe Lüütnant, Schluucher, Winkel-Advokat.

Küchenchef:
Chuchitiger, Lädersolehacker, Preussivogt (Preussi = Rösti), Röschtibeck, Rüehrschiit-Gäneral, Schnaleschniider (Schnale = Suppe), Suppehuehn.

Leutnant:
Franz Carl Weber, Lefzg, Lefzger, Liftboy, Liit-umenand, Lüfzger, Lüütenegger, Näbel, Schmalschpurmajor, Twen, Zug-Fuehrme.

Frischgebacken:
Konfirmand, Setzlig.

Major:
De Alt, Bataillönler, Mäscher, Meier, Schuuflebueb.

Nachrichtenoffizier
(Nof): Greuelmälder.

Oberleutnant:
Oberländer, Oberlandjeger, Oberlüütenegger.

Wenn ohne Funktion:
De voorig Moscht.

Oberst:
Nudlereisende (drei dicke Streifen), Regimäntstiger.

Wenn grauhaarig:
Silbergüggel.

Oberstleutnant:
Junior (Wortspiel: nach Maj-or der Juni-or), Halboberscht, Zweitoberscht.

Offizier:
Im Schnellbeförderungssystem,
z.B. 2. Weltkrieg: Schnällsüüder.

Offizier im Ledermantel:
Läderschtrumpf.

Offiziersordonnanz:
Absatzpoliehrer, Butz.

Quartiermeister:
Kaschtriermeischter, Konsärvehäuptlig, Quadratmeter, Quamschter.

Verpflegungstruppen:
Büchsenöffner.

Radfahrer-Offizier:
Schtaubsuugerpilot.

Sanitätsoffizier:
Abtecker, Gurgelmajor, Halszäpfligäneral.

Regimentsarzt:
Oberjodler, Obermetzger.

Stab:
Goldküschte, Goldräge, Rösslischpiil.

Veterinär:
Tierlischinder, Rossmechaniker.

Wachtkommandant:
Anti-Schloofkorpis, Wachtkomödiant.

Wachtmeister:
Chraftmeischter, Fuehrme rächts, Krachmeischter, Resärvegäneral, Schneepflueg, Schwachmeischter, Wachsmeischter, Weichmaschter.

Zahnarzt:
Blombeschmiid, Blombesetzer.

Alle vier:
Laubfroschquartett.

Zugführer:
Zugverfüehrer.

Chnochegofere bis Gsüchtischtuehl

Abgekürztes Los des Infanteristen:
SSWF. Nämlich: Seckle, schwitze, waarte, früüre.

Abführmittel:
Entladigspulver, Schprängchapsle.

Angeber:
Blöffsack.

Atombombe:
Antonbombe, Wundertüüte.

Ausfragen:
Aa-bore, Aa-zapfe.

Badehose:
Rüsseljäggli.

Bauch:
Brauereitumor.

Begriffsstutzig:
Langi Leitig, Chnopf im Kabel, ticke Droht.

Beine:
Schtange, Schtelze, Brissago (dünn), Türggesäbel (krumm).

Beine machen, jemandem:
Pfäffer is Füdli bloose, s Ventil ööle.

Beobachten:
Im Fadechrüüz haa.

Bett:
Chöörbli, Chratte, Furzmulde, Kahn.

Bierflasche:
Cheerze, Handgranate, Lampe.

Bierkrug:
Gsangbuech mit Hebi.

Darmwinde fahren lassen:
De Filzlüüs zum Frässe pfiiffe, en alte Schirm in Egge schtele, en liechte Abzug haa, s Chäsmässer gheie loo, Flüügeralarm bloose, es Praliné vertrampe.

Darmwinde im Kantonnement:
Zimmerflak, Kondensschtreife.

Daumen:
Wanzekiller.

Dienstreglement:
S neu Teschtament.

Dienstuntauglicher:
Schtaats-Chrüppel.

Drückeberger:
Druckpunktfasser, Gsundheitspöschtler, Liichewagebrämser, Muggefanger, Underbützler.

Flohnen:
Mit em Füdli Flüüge fange.

Untätig Herumstehender:
Chriegerdänkmool.

Durchleuchten, röntgen:
Fleischschau.

Vom Durstigen:
Er hät en Schwamm im Ranze.

Duschen im Dienst:
Mane-Defilee, Schwanzparade.

Ehering:
Familie-Schportabzeiche.

Einzelausbildung:
Einzelabriibig.

Erschiessen:
E Blei-Iischprützig mache.

Fahrzeuge (ältere):
Totsch, Wildsau.

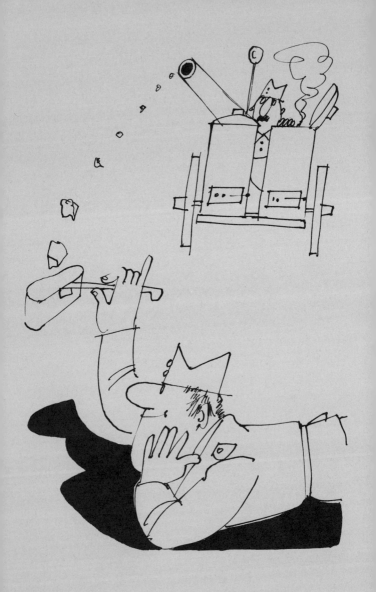

Lastwagen:
Chiisbomber, Mowag Gel, Fzg: Gumpesel.

VW-Käfer:
Hitlergamelle.

Kleiner Fiat:
Tschinggeruckseckli.

Feldkanzel:
Seelenapiteegg.

Feldküche:
Gnagiwage, Gulaschkanone.

Feldpredigt:
Armeseeletürgg, Seelegfächt, Seeleschpatz.

Antreten zur Feldpredigt:
De Seeleschpatz fasse.

Feuerzeug:
Flammewärfer.

Fiebermesser:
Quecksilberzigarre.

Floh:
Gschtutzte Heugümper.

Flugzeug:
Benzinmöwe, Benzinvogel, Himmelssarg.

Frau, stämmige:
Dragoner, Rosenass.

Gehirn:
Nagelchischte, Sandhuuffe.

Gewehrgriffe klopfen:
En Wage Gwehrgriff ablade, Schiitli biige (abgeschafft).

Gitarre:
Gigot, Heilsarmee-Karabiner.

Gott sei Dank:
«Gott sei's getrommelt und gepfiffen!»

Hallenbad:
Chloorhale.

Helikopter:
Bläächschwalbe, Chäfermüli, Helioktober, Libelle, Luftmüli, Oferohr mit Propäller, Quirl, Schtächmugge.

Herz:
Cognac-Pumpi.

Hinterhältiger:
Schlitzohr.

Humorist im Dienst:
Kompaniechalb.

Impfen:
Schtäche.

Impfspritze:
Bazillekanone.

Kamerad:
Kormoran.

Kampfbahn:
Entfettigskur.

Kantonnement:
Anti-Harem, Flohburg, Halunggeburg, Höhli,
Hotel zun lange Fädere, Puff.

Kaserne:
Bruetchaschte, Eilguetschuppe, Schluuchfabrik.

Kinder, während des Aktivdienstes im Urlaub gezeugt:
Urlauberli.

Kino:
Illusionsbunker.

Kommt nicht in Frage:
«Loosch dir en Ring dur d Nase zieh!»
Auch: «Vo däm schtoot nüüt i de Bible.»

Latrine:
Chnatterbalke, Chnebelschiissi, Schoggifabrik.

Laufschritt:
Briefträgergalopp.

Liegestuhl:
Kommandante-Stativ.

Luftschutzkeller:
Heldechäller.

Manöver:
Indianerlis, Trochechrieg, Türgg.
Wenn viele Fussmärsche: Fuessöver.

Manöverkritik:
Bärgpredig, Horeb, Wort zum Sonntag.

Manöverplan:
Drähbuech.

Militär-Musikkapelle:
(Spiel): Bläächhuuffe, de gross Läärme.

Mine:
Poltergeischt.

Missglückt:
«De Fisch schtinkt am Chopf.»

Motorrad:
Gsüchtischtuehl, chalts Gländer.

Motorwägeler:
Benzinhusar.

Nachtübung:
Nachtwächterlis, Schwarzaarbet.

Nahkampf:
The big Schabernack, Tujass.

Nichtbegreifer:
Über ihn: «Er hät zwei Paar Socke aa.»
Und: «Er hät en Riss im Karton.»

Nikotin:
Kulturgift.

Nudeln:
Blinddäärm.

Nuller:
(Beim Schiessen:) Bodeschtüüber, nervööse Vierer.

Ohren:
Löffel, Rueder. Bei abstehenden Ohren: «Nimm d Rueder ie, es isch kei Sägelwätter!»

Pause:
Theorie über de Brootsack.

Phrasen:
Bländi Feuz.

Präservativ:
Chindefänger, Kapuze, Rägemänteli, zweiti Huut.

Quatsch reden:
Havas verzele, Makulatur schnore.

Rasierpinsel:
Schnauzebese.

Rauchen:
Chräbsli fuettere.

Sarg:
Chnochegofere, Eigeheim.

Schildwachbefehl:
Komfirmandeschpruch.

Schnaps:
Esso super.

Schlafen:
Bache, penne, röchle, schluune.

Schnauz:
Katarrhbrämse, Schnudernasebrämse, Schtaubfänger, Suppesiibli.

Schweissfüsse:
Limburger.

Seitensprüngler im Dienst:
Gfreite bi de Vermehrigstruppe.

Serviertochter, abweisende:
Tugedbolze.

Sold:
Chlüübi, Loobi, Mariahilf, Trinkgält, Zapfe.

Stinken:
«Es hät ein en alte Fisch im Sack.»

Stroh:
Schtierefädere, Munifädere.

Tagesprogramm:
Menü.

Tagwache:
Blackout.

Theoriesaal:
Underdruckkabine.

Tot:
Vom Toten: «Er jasset mit em Petrus.»

Ueberreste:
De Räscht vom Schützefäscht.

Ungeziefer:
Motorisierti Brootbröösmeli, Choschtgänger, Partisane, läbigi Schuppe, Sackpirate, Undermieter, Zwärghase.

Dressurakt bis Zündloch

Ablehnung:
«Lieber nüüt uf d Wiehnacht!»
Und: «Ich verzichte zugunschte vomene Negerchind.»

Ablenkende Frage:
«Häsch scho en Chrischtbaum?»

Abort:
Ruggeschnüüzi.

Achtungstellung annehmen:
De Fritz mache.

After:
Darmhuupe.

Alles zu seiner Zeit:
Dienscht isch Dienscht und Schnaps isch Schnaps.

Anno Tobak:
«Wo s Auto no us de Fläsche gsoffe hät.
Wo de Adam am Umschtäche gsii isch.
Dä hands scho bim ägyptische Pyramiidebau verzellt.»

Arrest:
Augeschoondiensch, Gitterurlaub, scharfe Urlaub,
gschlossni Voorschtelig, Teckiurlaub.

24-Stunden-Arrest:
Vierezwanzgpfünder.

Arrestantenliste:
Frömdebuech, Gäschtebuech.

Arrestlokal:
Augeklinik, Cachot, Chachle, Chischte, Chöörbli, Chratte,
Färiekolonie, Hotel Gitter, Kafi Durzuug, Loch, Loosche,
Pension Gnägi, Schtroofbunker, Wartburg,
s bilig Wohnhotel.

Auslegeordnung:
Basar, Schneuggete, Wohltätigkeitsbasar.

Betrunkener:
Über ihn: «Er hät z fescht am Zapfe gschmöckt.»

Blödian:
Armloch, Armlüüchter, Aschtloch, Zündloch.

Blutwurst:
Negergünggel.

Brissago, Stumpen:
Lunge-Torpedo.

Büchsenfleisch:
Ghackte Missionar.

Davonrennen:
Abhase, abhaxe.

Defilee:
Dressurakt.

Durchfall:
Parterrepfnüsel, Flitzeritis, Dünnpfiff, Schiisser.

Es passt mir nicht:
Es chotzt mi aa, es schiisst mi aa, es schtinkt mer.

Esel:
Em lieb Gott sis Riitross.

Exerzieren:
Gländ-Abnützig.

Exerzierplatz:
Arena, Türggei.

Feigling:
Schlotterhose.
Über ihn: «Angscht hät er e kei, aber seckle chan er.»

Fluch:
Seelerülpser. Zum Beispiel: «Bombegranatekanonezeltpflöckligamelleriemenonemol!»

Flugzeugpropeller:
Ventilator.

Füsse:
Flosse, Schweisspedaale. Schmutzige: Schwarzwuurzle.

Wunde Füsse:
Mobiili Eierfarm.

Geistige Störung:
Mansardebrand, Wasser im Vergaser, Pneuschade.

Gesangsinstruktion:
Trällerschtund.

Geschwätz:
Goggolores.

Gonorrhoe:
Brandopfer, Tralli, Wurzleschnuppe, Chaudepisse.

Chronischer Ausfluss:
Biertripper, la goutte militaire.

Granattrichter:
Tulpe.

Hauptverlesen:
Abonnementvoorschtelig, Chaschperli zele,
Gäneralversammlig, Hoor-analyse, Hoor-Inschpektion.

Hautschürfung:
Laggschade.

Hunger:
Kohldampf, Schabe im Ranze, Schatte im Ranze.

Inspektion:
Vattertag.

Jagdflugzeug:
Schtratosphärefalter.

Klo-Papier:
Amtsblatt.

Klo-Visite nach Tagwache:
Früehmäss.

Kölnischwasser:
Schmöcki. Wenn die Luft im Kantonnement schlecht ist:
«Hämmer no 4711?»

Krankenzimmer:
(KZ:) Aspirinsalon, Flohnerheim, Fuessschweissklinik,
Haberschliimbunker, Jodsalon, Simuliersalon.

Kuhfladen:
Alpetuurte, Tällermiine, Trättmiine.

Liebeskummer:
Zahweh.

Mandoline:
Wimmerchürbis.

Mangelhafte Körperpflege:
Sich is Gsicht schpeuze.

Marschieren:
Reufle, role, rüttle, schteisse, tschumple, tigere, waggle.

Massiv rüffeln:
Zämeschiisse, zämeschtuuche.

Maschinengewehr:
Mähmaschine, Schtotterlisi, Taggtagg, Täggitäggi, Teppichchlopfer.

Maultier:
1 PS mit Zwickzündig, Walliser Fiat mit Zwickzündig, Muli.

Nebel:
Watte.

Nichtskönner:
Chlämmerlisack.

Ohne Energie:
Schlapparsch, Schlappschwanz.

Pferde:
Ackermähre, Baggel, Tiechselhirsch, Graasturbiine, Güggel, Gumpesel, Habermotor, Sägbock.

Pferdefleisch:
Tiechselsau, Tiechselhirsch.

Privilegierter beim Kadi:
Em Haupme sis Ängeli.

Sich einschmusen:
Zucker in Hinder bloose.

Einschmuser:
Schliimschiisser.

Scharfer Drill:
Schliiffe, bis eim s Wasser im Hinder chochet; d Eier schliiffe.

Scheinwerferstrahl:
Liichefinger.

Schiessstand:
Chnattergländ.

Schützengraben ausheben:
Geographie an Ort, a de Quälle schtudiere.

Schwätzer.
Über ihn: «Er hät es Maschinegwehr gfrässe.»

Schweres Geschoss:
Möbelwage.

Sich erholen:
D Batterie uuflade.

Sich taub stellen:
D Ohre uf Durzuug schtele.

Sich zusammennehmen:
D Chnoche zämeriisse, Füüschtli mache mit em Arsch, schtrample wie de Frosch im Anke, de Finger usenää, sich am Rieme riisse.

Sprüche:
«Schtinksch wienen Latäärnepfohl ganz une und en Hund ganz hine – d Laag isch ernscht, d Kompanie fasst Chääsrinde – Sie tüend wider tumm (Vorgesetzte) – Bi däne borets wider (Vorgesetzte) – Rueh im Saal, d Grosmuetter verlüürt d Zäh! – Nenei, doo hört de Gmüeshandel uuf! – Luegsch drii wienen uuspränntne Vau-Wee – Däm hänts öppis in Kafi too – Dä hät Sämf im Propäller – Bisch meini en geischtige Schrebergärtner.»

Strenger Vorgesetzter:
Bluethund, Schinder, Schliiffer.

Stumpfsinnig:
Bireweich.

Suppositorium:
Aftertorpedo, Ventilschtöpsel.

Taschentuch:
Gsichtswindle, Nasewindle, Schnuderquadrat.

Tempo Tempo:
«Zwei Absätz und ei Schtaubwolke!»
Und: «Ich wott nu no Absätz gseh!»

Trinkerheilanstalt:
Schnapsklinik.

Trompete:
Chänel, Geuferguuge, Güüge, Schäärbe, Tüchel.

Unintelligenter:
Hohle Chnoche, Globi, Halbschueh, Knorrli, Pfiiffe, Pflock, Pumpi, Prothese, Vorgaartezwäärg. «Er hät kei Gas im Ballon.» Oder: «Er isch en geischtige Nichtschwimmer.» Und: «Er hät Ghirnchlappeverroschtig.»

Unnötig:
Überflüssig wie-n-en Chropf.

Vaselin:
Giraffefett.

Velo:
Muskel-Mercedes, Randschtei-Maserati, Schtuudeross, Sumpfrochle, Trottinett, Wadechrampf-Cabriolet.

Verhör:
Die grooss Wösch.

Versager:
Attrappe.

Verstopfung:
Plombierte Hinder.

Verweis:
Abchüelig.

Waffenrock:
Afferock.

Warnruf vor nahendem Offizier:
«Es rüücht, anderthalb, drizäh, Näbel!» (Näbel: Offizier)

WC:
Bedürfniskiosk, Dufthütte, Gwürzinsle, Schiffodrom.
Sprüche an WC-Wänden: Kloake-Lyrik, Pissoir-Poesie.

WK:
Bäärner Wuntschkonzärt, Wunder-Kur.

Wolf:
(Vom Marschieren:) «Er hät es wiits Gangwärk.»

Zahnbürste:
Schnauzebese.

Zeltpflock:
Hering.

Zeug, dummes:
Chaalte Seich.

Zeughaus:
Brockehuus.

Zentralschule:
Offiziersgrill.

Zigarette:
Lungeschänder, Nikotinflööte, Qualmbolze.

Zimmerverlesen:
Schalterschluss.

Zugschule morgens:
Apéritif.

Zunge:
Esszimmerteppich.

Zweckloses Unterfangen:
Dazu: «Gägen en heisse Bachofe chodere.»

Der eine betet seinen Psalter,
ein andrer liest den Nebelspalter
(Selig werden beide)

Erdenseligkeit aber vermittelt
der Nebelspalter wöchentlich
in Wort und Bild

Nebelspalter-Verlag
9400 Rorschach

Mehr denn je sind heitere Bücher ein Labsal in unserer Zeit!

August Inauen
US EM APPEZÖLLER WITZTRÖCKLI
72 Seiten   Fr. 9.80

Walter Koller
300 APPENZELLERWITZE
80 Seiten   Fr. 9.80

Hans Moser
HERR SCHÜÜCH LEBT WEITER
64 Seiten   Fr. 9.80

Hans Moser
HEITERE CHIRURGIE
80 Seiten   Fr. 9.80

Peter Dürrenmatt
HUNDERT SCHWEIZER GESCHICHTEN
128 Seiten   Fr. 11.50

Etienne Michel
WER ZUERST LACHT ...
136 Seiten   Fr. 9.80

Nebelspalter-Verlag
CH-9400 Rorschach

«Herr Haupme, Kanonier Wipfli, ich wett Sie öppis frööge wäge de Uusrüschtig und ....»
«Wipfli, gönd Sie mit därigem Züüg zeerscht zum Feldweibel!»
«Hani gmacht. Doo hät er gfutteret und gsait, ich söll en mit settigem Chabis in Rueh loh und sell mache, das ich zum Tüüfel chömm.»
Darauf der Hauptmann: «Aha, und doo chömed Sie diräkt zu mir!»

Der Feldweibel zur Kompanie:
«Schpilt öpper Giige, Cello oder Bassgiige?»
«Feldweibel, Füsilier Meier, ich bin Cellischt.»
«Guet, dänn chönd Sie go hälfe Holz sääge.»

«Rekrut Müller, Sie gsehnd dä Zigaretteschtummel doo am Bode?»
«Zu Befehl, Feldweibel, jawoll!»
«Ghöört dää Ihne?»
«Nei, Feldweibel, aber Sie chönd en scho haa, Sie händ en jo schliessli zeerscht gseh.»

«Sappeur Schärpi, wänn das nid besseret mit Euere Baggegschwulscht, gits nu eis: zu üsem Zahnarzt und dä Plooggeischt zieh loo.»
«Feldweibel, zu däm han ich kei Zuetraue me. Ich han em zueglueget, wie-n-er mit em Zapfezücher hinder e Cognacfläsche-n-isch, am Korke umegwürgt und en schliessli abbroche hät.»

Eine Büroordonnanz «höfelet» dem Kompaniekommandanten, wann und wo immer sich Gelegenheit bietet. Sagt ein Soldat, der ihn mehrmals beobachtet hat: «Dä wüürd em Häuptlig no Nüüsspulver schtreue, nu das er em chönnt ‹Gsundheit!› zuerüefe.»

«Gewehre schultert!»

Zagg, zagg, zagg! Dreissig geschulterte Gewehre vor dem Leutnant. Der fragt den Soldaten Bär:

«Wüssed Sie, was en Idee isch?»

Bär, Philosophiestudent in Zivil, weiss es: «En Idee isch en Erkenntnisbegriff, wo, ohne en i möglicher Erfahrig uufwiisbare Gägeschtand und drum de demonschtrative Erkenntnis unzuegänglich, doch us em innerschte Wäse vo der Vernunft als Prinzip vo de Weltuuffassig hervorgoht.»

«Fein, Füsilier Bär, und jetz, wil Sie das so guet wüssed: Nähmed Sie bitte Ihres Gwehr en Idee noch rächts!»

Nach einer saftigen militärischen Übung müssen die Soldaten die ausgehobenen Schützenlöcher mit Erde wieder auffüllen. Ein Leutnant findet neben einem überfüllten Loch noch einen Haufen Erde. Und sagt:

«Hueber, schuufled Sie dä Dräck au no is Loch!»

«Herr Lütnant, do goht nüüt me drii.»

«Dänn müend Sie halt s Loch grösser mache!»

Ein Leutnant stellt einen Korporal zur Rede:

«Ich ha vernoh, Sie sigid geschter znacht betrunke mit eme Leiterwägeli d Hauptschtrooss uuf und ab grännt. Schtimmt das?»

«Jawoll, Herr Lütnant, schtimmt genau. Aber was Sie au no settid wüsse: im Leiterwägeli gsässe, mit em Lied ‹Hoch auf dem gelben Wagen› uf de Lippe, sind Sie, Herr Lütnant.»

Aus alter schweizerischer Kriegszeit: Ein Soldat, der sich bis anhin nie durch eine Leistung hervorgetan hat, kommt zum Hauptmann gerannt und berichtet: «Ich habe einen feindlichen Mann unschädlich gemacht, ihm beide Beine abgeschossen.»

«Warum nicht den Kopf?»

«Der war schon weg.»

«Du», fragt ein Soldat seinen Kameraden während der Marschpause am Waldrand, «was isch das für es Tier mit acht Bei, schtächiggääle Auge, rot-schwarz gschtreiflet und mit eme saumässige Schtachel, wo vibriert?»

«Au gruusig!» entsetzt sich der Kamerad, «kei Ahnig, was das chönnt sii!»

«Ich au nid. Aber nimm doch das Biescht vorsichtshalber vo dim Hämperchrage ewägg!»

Einem Zivilisten wird in der Eisenbahn plötzlich übel. Er will das Erstklasscoupé verlassen ... zu spät! Voll erbricht er sich auf die Uniform des Majors, der ihm gegenüber sitzt und innig schläft.

Der Zivilist nimmt allen Mut zusammen, weckt den Offizier und fragt freundlich-besorgt: «Herr Major, isch Ihne jetzt wieder besser?»

Im Wiederholiger taucht unvermutet «en Hööche» auf und fragt einen Soldaten:

«Käned Sie mich?»

«Nei, Herr Oberschtdivisionär.»

«Aber chönd Sie mir di militärische Grad uufzele?»

Das kann der Mann, fängt ganz unten an bis hinauf zum Oberstdivisionär.

Fragt der Offizier: «Sind Sie sicher, dass Sie nüüt vergässe händ, kein Rang?»

«Jawohl, Herr Oberschtdivisionär.»

«So, ja und was wirt en Oberschtdivisionär, wän er beförderet wirt?»

«Zur Dischposizioon gschtellt, Herr Oberschtdivisionär.»

Kanonier Huber: «E schöns Land, d Schwiiz, au für de Soldat. No nie Chrieg ghaa i däm Johrhundert.»

Meint Kanonier Meier: «Ich schoo: zäh Johr Ehechrieg!»

Ein Füsilier rückt zu spät ein.

«Wieso chömed Sie z schpoot?» fragt der Hauptmann streng.

«He.. He.. Herr Ha.. Hau... Haupme, i.. i.. ich b.. b.. b.. bin...»

«Guet guet guet, vergässed mers, mached Sie jetzt, das Sie schleunigscht is Bett chömed!»

Zehn Minuten später taucht ein zweiter Zuspätkommer auf.

«Werum chömed Sie zwanzg Minuute z schpoot?» fragt der Hauptmann streng.

«Ich ha minere Bruut es Psüechli gmacht, und es isch echli schpööter woorde.»

«Aha, macht für Sie drüü Tag scharfe-n-Arrescht, und jetzt haued Sies undere.»

Im Schlafraum sagt Füsilier II, der sich bei der Braut verspätet hat, zu Füsilier I: «Häsch au drüü Tag Chischte iigfange?»

«N.. n.. nei!»

«Wieso han dänn ich drüü Tag Arrescht, und du nüüt?»

«W.. w.. wei.. weisch, m.. me m.. mues ha.. ha.. ha.. halt re.. re.. rede mit däne Of.. Of.. Off.. Offi... Offizier!»

Ein paar Soldaten maulen über den dienstäglichen Schlangenfrass. Am Mittwoch früh tritt der Fourier vor die Kompanie und ruft:

«So, geschter hebed ihr schiints schlächt gfrässe. Defüür tüemer eu hüt Morge verwöhne. Es git zum Zmorge nid Ei-, nid Zwei-, nid Drüü-, sondern es git Vierfruchtgomfitüre!»

Sightseeing in Paris. Der Guide erwähnt das «Grab des Unbekannten Soldaten».

«Aha», sagt ein Deutschschweizer, «doo also isch dä begrabe!»

«Was wotsch säge mit däm?»

«He jo, mit däm bin ich fascht en Art verwandt; vo däm hät doch mini Schwöschter es Chind.»

Der General lässt sich die Haare schneiden. Der Coiffeur packt die Gelegenheit beim Schopf. Nämlich: Er hat einen Sohn im Dienst, den er eigentlich dringend daheim im Geschäft braucht. Ob da vielleicht eine Möglichkeit...

«Ich kann leider nichts machen», erwidert der General freundlich. «Ja, wenn ich jetzt Feldweibel wäre...!»

Gute, alte Zeit, 18. Jahrhundert. Ein Bürger beklagt sich bei einem Hauptmann, Soldaten hätten ihm Mantel und Degen weggenommen.

«Das waren», antwortet der Hauptmann überzeugt, «bestimmt keine Leute von mir. Denn die hätten euch auch noch Hose und Wams genommen.»

«Rekrut Beck», fragt der Korporal während der Waffenkunde, «werum isch s Schturmgwehr schwarz?»

Beck, im Zivilleben ETH-Student, antwortet: «Zum Schutz gäge Korrosion.»

Der Korpis gönnerhaft: «Das isch möglich, aber hauptsächlich isch es gäge de Roscht.»

Manöverschlacht vor der Entscheidung. «Soldate», ruft der Hauptmann, «riissed eu zäme, nämed de Finger use, jetzt gilts, jetzt wird kämpft, Maa gäge Maa!»

«Herr Haupme», fragt Schütze Müller da vorsichtig, «chönd Sie mir min Maa nid zeige? Vilicht chönnt ich mich güetlich arrangiere mit em.»

Ein Rekrut schiebt Wache, geht pflichtbewusst auf und ab und auf und ab, hin und her und her und hin. Schliesslich bleibt er mit verschränkten Armen vor dem Schilderhaus stehen, mustert es von oben bis unten und meint endlich:

«Mich nimmts jo scho wunder, was die Herre Offizier a dem Hüüsli gsehnd, das üsereis immer mues devour schtoh und uufpasse!»

Im Schützenstand wird wieder einmal lausig geschossen. Dem Hauptmann reisst der Geduldsfaden.

Er befiehlt: «Gämmer emol es Gwehr!»

Der Hauptmann geht in Anschlag, zielt, setzt ab, zielt, drückt ab.

Resultat: Nuller. «Gsehnd Sie, Füsilier Müller, eso schüüssed Sie!»

Geht wieder in Anschlag, zielt, setzt ab, zielt, drückt ab. Resultat: Zweier. «Gsehnd Sie, Füsilier Hueber, däwäg schüüssed Sie», knurrt der Hauptmann, zweitmals die Not in eine Tugend umbiegend.

Er geht nochmals in Anschlag, zielt, setzt ab, zielt, drückt ab. Mouche! Bravo! Mitten ins Schwarze!

Der Hauptmann steht auf, stemmt die Arme in die Hüften, richtet sich stolz auf und ruft: «Und esoo, Soldate, eso schüüsst euen Haupme!»

Der Aushebungsoffizier zum Stellungspflichtigen:

«Was liit Ihne, noch Ihrem Gfühl, i der Armee am beschte? Infanterie?»

«Nei.»

«Artillerie?»

«Nei.»

«E Schpezialtruppe?»

«Nei, am liebschte wär ich de Unbekannt Soldat vo de Schwiiz.»

Grenzbesetzung 1914–1918. Alle Soldaten einer Kompanie tragen die Erkennungsmarke mit Personaldaten, den sogenannten «Grabschtei», wie vorgeschrieben an einer Schnur um den Hals. Einzige Ausnahme: Kari. Bei der Inspektion pfeift der Oberst den Kari an. Was ihm denn einfalle, die Marke am Hosenträger zu befestigen.

Kari: «Herr Oberscht, d Schnuer isch z churz, ich bring sie nid über de Chopf abe.»

Der Oberst: «Tatsächli, dä Grind mues abgfiilet wäärde, um d Schnuer wärs würkli schaad.»

Einer, der sich vom Militärdienst drücken möchte, lässt sich von Kameraden beraten. Er soll sich, sagen sie, derart kurzsichtig stellen, dass es geradezu an Blindheit grenze.

Der Mann kommt zur Musterung. Bumst mit dem Kopf gegen eine Tür. Tastet sich der Wand nach eine Treppe hoch. Man zeigt ihm Buchstaben auf einer grossen Tafel. Er sieht nicht einmal die grössten. Ja, er sieht nicht einmal die Tafel.

Resultat: Dienstuntauglich. Fröhlich tappt sich der junge Mann aus dem Haus. Nachts geht er in die Oper. Und entdeckt, dass neben ihm just der Offizier sitzt, der ihn des Morgens auf Auge, Herz und Nieren geprüft und für dienstuntauglich befunden hat.

Blitzschnell schaltet er, steht auf, hält sich an der Sessellehne und fragt den Aushebungsoffizier: «Fräulein, bin ich doo richtig im Siebnertram uf Örlike?»

Der Oberst inspiziert eine Kompanie, geht mit dem Hauptmann auf und ab und auf und ab. Und rüffelt schliesslich:

«Haupme, de Betrieb in Ihrer Kompanie gfallt mir gar nid. Füfzg Prozent vo Ihrne Lüüt schtönd unbeschäftiget umenand und flohned sich eine ab.»

«Oberscht, das isch gar nid möglich, ich ha blos 48 Maa i de Kompanie.»

Leutnant zur Mannschaft: «Ich ha no zwei Mitteilige. E schlächti und e gueti. Zeersch die schlächt: Ihr müend tuusig Seck Sand abfüle. Dänn die guet: Sand häts gnueg.»

Grosser Tippel. Zehn Kilometer. Zwanzig Kilometer. Die Rekruten haben anno 1978 neue Helme gefasst. Dürfen ihn an den vollgepackten Tornister hängen und statt dessen mit der Mütze marschieren. Meckert einer: «Allpott gits en neue Helm i der Armee. Aber kein erfindt en Schtahlhelm, wo me cha zämerole und ii-packe.»

Füsilier Wäckerli schiebt Wache. In seinem Magen und in dessen Fortsetzung beginnt der kalte Most von vorhin zu rumoren. Wäckerli entscheidet sich für die appetitlichere von zwei Möglichkeiten und verschwindet hinter einem nahen Gebüsch. Ein Leutnant bemerkt sein Fehlen, macht ein grosses Trara, rüffelt den Soldaten, der mittlerweile wieder aufgetaucht ist.

Füsilier Wäckerli erklärt ihm die Situation und fügt beruhigend bei: «Herr Lütnant, es hät nüüt chöne passiere, s Gwehr hani au hinderem Gebüsch immer gschulteret ghaa.»

In der Rekrutenschule will sich der Leutnant mit den persönlichen Verhältnissen seiner Leute etwas vertraut machen.
«Rekrut Wäckerli, händ Sie Gschwüschterti?»
«Jawoll, Herr Lütnant, en Brüeder.»
«Was macht er?»
«Er isch a der Universität.»
Der Leutnant wundert sich, denn Rekrut Wäckerli ist nicht der Hellste.
«Was macht er a der Uni?»
«Er isch im Schprit, mit zwee Chöpf.»

RS. Für Sanitäter. Theorie über den Blutkreislauf. Der Sanitätsleutnant fragt einen, der kaum je den Mund auftut:
«Rekrut Mägler, was hämmer i den Oodere?»
Mägler zuckt die Achseln.
«Aber Sie wüssed doch sicher, was i üserne Oodere-n-isch!»
Mägler zuckt die Achseln.
«Also, Rekrut Mägler, was chunnt use, wäme sich mit em Mässer i d Schlagoodere schniidt?»
Mägler, unruhig auf der Bank hin- und herrutschend:
«Ämel ganz sicher kei Tinte.»

Frühturnen. Befehl: sich auf den Rücken legen, mit den Beinen in der Luft treten wie beim Velofahren. Kanonier Wäckerli aber liegt lang ausgestreckt auf der Wiese.
«Was isch, Wäckerli», ruft der Zugführer, «trampe, trampe, velofahre, aber flüssig!»
Meint Wäckerli verschmitzt: «Lütnant, ich üebe jetzt grad de Freilauf.»

Erstmals Ausgang für die Rekruten in der RS. Ein Leutnant ist unterwegs, um zu überprüfen, ob die Instruktionen über Benehmen und Tenue auf der Strasse und in Lokalen eingehalten werden.

Ein Rekrut geht grusslos auf der Strasse an ihm vorbei. Der Leutnant: «Halt, losezi, settid Sie mich nid öppe grüesse?»

Rekrut: «Ich wüsst nid vo wäm!»

Leutnant: «Ich glaub, Sie schteled sich extra naiv. Nu, aber defür sind dänn morn am Morge d Schueh tipptopp putzt, verschtande!»

«Au fein, das Sie das übernämed. Tanke villmol!»

Füsilier Werra hat im Schiessstand seinen miesen Tag. Er schiesst in dieser Reihenfolge: 1 – 0 – 0 – 0 – 0 – 0 – 0.

Darauf der Leutnant: «Gratuliere, Füsilier Werra, jetzt händ Sie exakt e Million gschosse!»

Der Stellungspflichtige versucht 1941 ums Dienstmachen herumzukommen. «Ich han immer sones Flimmere vor de-n-Auge.»

Aushebungsoffizier: «Dasch nüt Psundrigs. Ich ha Augeflimmere, ali Offizier händ Augeflimmere, sogar de Gäneral hät Augeflimmere. Üseri Pflicht chömmer gliich erfüle. Tauglich!»

Der zweite sagt: «Ich han vil Chopfweh.»

Aushebungsoffizier: «Dasch nüt Psundrigs. Ich ha vil Chopfweh, ali Offizier händ vil Chopfweh, sogar de Gäneral hät vil Chopfweh. Üseri Pflicht chömmer gliich erfüle. Tauglich!»

Kommt der dritte: «Min Mage schtreikt allpott.»

Aushebungsoffizier: «Dasch nüt anders. Ich han allpott mit em Mage z tue, ali Offizier händ allpott mit em Mage z tue, sogar de Gäneral hät allpott mit em Mage z tue. Üseri Pflicht chömmer gliich erfüle. Tauglich.»

Da tritt der vierte an und sagt freundlich: «Schtränged Sie sich nid aa, Herr Oberscht, ich bi liecht schwachsinnig.»

Wanderwitz, in wohl allen Ländern heimisch: Der Hauptmann will sich rasieren lassen. Der Kompaniecoiffeur hat viel zu tun, schabt jedem den Drahtverhau so schnell als möglich aus dem Gesicht, kerbt in seiner Nervosität dem Hauptmann einen winzigen Briefkasten in die Wange.

«Ebe-n-ebe», brummt der Kadi, «das chunnt vom Suuffe.»

«Schtimmt, Herr Haupme, genau das isch es, wo d Huut eso schprööd macht.»

Heiri erzählt aus seiner guten alten Aktivdienstzeit. Unter anderem die Episode von seinem Beinbruch. Dass er wochenlang im Spital liegen musste wegen seines rechten Schinkens, den er im Militärkantonnement gebrochen hatte.

«Was meined ihr, wie d Armee gfluechet hät», berichtet er, «die hät doch die ganz Schmier müese blääche. Ich sig en choge tüüre Soldat, hänts gsait.»

Meint ein Zuhörer, der die mässigen soldatischen Qualitäten Heiris gut in Erinnerung hat: «En tüüre scho, aber kein choschtbaare!»

Herr Speer ist Liebhaber gebackenen Kalbshirns. An seinem Geburtstag soll die Delikatesse wieder auf den Tisch kommen. Frau Speer bestellt tags zuvor beim Metzger. Am nächsten Morgen wartet sie vergeblich auf die Lieferung. Nervös greift sie noch einmal zum Telefonhörer, stellt ein und fragt vorwurfsvoll: «Sägezi, Herr Chnöchler, werum chunnt eigetli das Hirni nid, wo-n-ich geschter pschtellt han?»

Leider hat Frau Speer vor lauter Nervosität eine falsche Nummer eingestellt. Die knappe Antwort von der andern Seite: «Doo isch Militärkaserne. Mir händ kei Hirni. Adie!»

Der Berner Schriftsteller und Gefreite Eugen Wyler gab während des Aktivdienstes 1939 ein soldatisches, gereimtes Tischgebet bekannt:

«O Herr, gib mir Bescheidenheit,
wenn ich zu Tische sitze,
und mach, dass ich auch alle Zeit
den grössten Spatz erwische!»

Im Verlaufe umfangreicher Soldatenmanöver wird eine Gruppe als «tot» erklärt. Sie setzt sich am Waldrand in den Schatten, geniesst das Dolce far niente, fängt zu futtern an.

Ein Offizier kommt dahergeritten. Und fragt: «Was isch los mit eu?»

«Herr Major, Füsilier Wägme, mini Kamerade und ich sind tood, ali füüf.»

«Aha, und werum tüend er no habere, wänn er doch tood sind, und dänn erscht no di iiserni Ration, wo uufzphalte-n-isch für de üsserscht Notfall?»

«Herr Major, d Notration bruuched mir als tooti Soldate jo nüme.»

Ein Kamerad des «Gefallenen» meldet sich: «Mit Verlaub, Herr Major, bi mir isch de Fall andersch: Ich mache a mir sälber mit de Notration Wiederbeläbigsversuech.»

Auch zum Kompaniekommandanten gehörte einst der Gaul. Ein Hauptmann reitet in einen benachbarten Abschnitt, um einen andern Kompanieführer zu besuchen, und sattelt sein Ross für den Heimweg selber. Als er wieder bei seiner Kompanie eintrifft, nimmt seine Ordonnanz ihm das Pferd ab und fragt: «Herr Haupme, mit Verlaub, was für es Chalb hät Ihne s Ross uufzäumt?»

Ein Hauptmann ist zum Major befördert worden. Er fährt kurz danach heim in den Urlaub und sagt zu seiner Frau: «Schatz, ich chas nid ändere, es isch Veroornig vo der Armee: Hüt z nacht muesch mit eme Major zäme schloofe.»

Stolz kommt der Soldat aus dem Dienst heim. «Schatz», sagt er, «ich bi zum Gfreite befördere woorde. Freuts dich? Bisch schtolz uf mich?»

Die junge Gattin: «Jo scho, aber weisch, es git mer z tänke. Du hettisch das nid sele aa-näh. Neimet han ich gläse, im Ernschtfall wäärdid immer zerscht die Hööche abgmurixlet.»

Heiri schiesst fünf Nuller und dann doch noch wenigstens einen Einer. Und ruft: «He jo, es hett no verflüechter chöne use-choo!»

«Aber nid vill», reagiert der Leutnant.

Darauf Heiri: «Lueged Sie, Herr Lütnant, i de Schwiiz fallt eine uuf, wo schlächt schüüsst. Das isch doch weiss Gott gschiider als umkehrt!»

Die Freiburger gelten im Reich der Kantonsneckereien bei ihren Landsleuten als die geistig am wenigsten aufgeweckten Welschen. Man witzelt, einige könnten nicht einmal bis drei zählen. Als Beispiel wird jener Soldat aus dem Greyerzerland erwähnt, der dienstags angeblich ausrechnete: «Jetzt noch heute, morgen und übermorgen, und dann noch zwei Tage, und dann werden wir entlassen.»

Die Truppe rückt ein. Ein Hauptmann eröffnet den WK mit einer kurzen Begrüssungsansprache, lässt wissen, dass er von jedem Soldaten vollen Einsatz erwarte und sich freue, wenn einer auch einmal selbständig eine gute Idee entwickle.

Danach: Exerzieren. Zu Beginn einer Verschnaufpause steckt sich Füsilier Häberli eine Zigarette ins Gesicht und pafft drauflos. Der Leutnant grimmig:

«Sind Sie verruckt woorde, wär sait, Rauche sig geschtattet?»

«Niemer, Herr Lütnant, aber de Haupme hät doch gsait, er hebi Freud, wänn emol eine sälbschtändig e gueti Idee entwickli.»

Die Truppe ist in einem kleinen Kaff einquartiert und mopst sich vor Langeweile. Ob denn, fragt ein Soldat zwei Buben, im Dorf überhaupt nichts los sei. «Momoll», versichern die beiden eifrig: «Immer 16.04 fahrt en Schnellzug verbii, s Pfarrers Chöchin hät en Schnauz und üsen Lehrer cha mit den Ohre gwaggle.»

Lange vor dem Ersten Weltkrieg: Zwar hielten die Innerrhödler nicht viel vom «Militäärle», sondern waren für den «Direktgang». In einer Gemeinde wurde aber doch Musterung gehalten. Die paar Männer stellten sich in einer Reihe auf. Warum sie nicht wie üblich auf zwei Glieder angetreten seien, wollte der Milizinspektor wissen. Worauf ein Innerrhödler vortrat und meldete: «Mir hand ke Wüeschti, wo ma mos hinderi schtelle!»

Der Hauptmann, recht rauhe Schale und doch leidlich weicher Kern, beobachtet in einer Pause einen Soldaten, der an einem Brief schreibt. Jovial sagt er: «Schriib dim Schatz nu, heigisch en Schpinncheib vomene Haupme.»

«Nüme nötig», erwidert der Soldat, «das han ich im letschte Brief scho mitteilt.»

Munitionsabrechnung. 100 Gewehrpatronen fehlen. Scharfe. Grosses Brimborium, erfolglose Verdächtigungen, ergebnislose Nachforschungen, peinliche Situation. Bis der Fourier eine Idee hat. Es wird neu abgerechnet. Und da steht darin: «100 scharfe Gewehrpatronen abgegeben zuhanden GWW.»

Anstandslos passiert die Abrechnung. Hinterher nimmt der Hauptmann den Fourier beiseite und sagt: «Öppis nimmt mi gliich no wunder. Was bedüütet eigetlich GWW?»

Der Fourier, schmunzelnd: «Gott Weiss Wem!»

Aktivdienst. Zweiter Weltkrieg. Auszug, Landwehr und Landsturm werden zusammengezogen und in Grenzbataillonen gemischt. Einem jungen Offizier fällt die Tüchtigkeit eines älteren Gefreiten auf.

«Gfreite Hämmerli», sagt er, «werum hät men us Ihne eigetli siinerziit kein Offizier gmacht?»

«Ganz eifach, Herr Lütnant. Zu minere Ziit sind nu die säbe Offizier woorde, wo me als Soldaate nid hät chöne bruuche.»

Gute alte Schweizer Zeit. Respektive Kriegszeit. Ein Plünderer wird zum Tode durch den Strang verurteilt. Die Exekution ist auf einen Montag angesetzt. Als der Verurteilte den draussen vor der Stadt aufgestellten Galgen erblickt, sagt er zu den Begleitern: «Die Woche fängt ja gut an!»

Heiri hat keine Lust aufs Soldatenleben. Er hat, es ist lange her, sich sagen lassen, dass ein Jüngling ohne Zähne dienstuntauglich erklärt wird. Und lässt sich sämtliche Zähne ziehen.

«Häts klappet?» fragt hernach ein Kollege.

«Das scho», sagt Heiri. «Sie händ mi nid gnoo, aber nid wäge de uusgrissne Zäh, sondern wäge de Plattfüess.»

Der am kürzesten geratene Soldat im Zug hat mitunter Mühe, bei Schnellauf, Hürdenlauf, Dauerlauf und anderem nicht abzufallen.

«Chlii sii hät sini Nochteil», sagt eines Tages der grossgewachsene Korpis zu ihm.

«Aber es hät au sini Vorteil», erwidert der Kurzgewachsene. «Bi de Groosse isch es defür mängsmol wie bi de hooche Hüser: der oberscht Schtock isch meischtens am lausigschte möbliert.»

Ein Soldat zu einem Kameraden, dessen Hemden stets schmuddlig aussehen: «Du, wer trait eigetli dini Hämper, wänns suuber sind?»

Ein Oberleutnant taucht auf und wendet sich an einen Rekruten, der mit den Worten reagiert:

«Zu Befehl, Herr Major!»

«Ich bi Oberlütnant, nid Major», antwortet der Offizier. «Sie müend uf d Schtreife a de Mütze luege, nid uf de Ranze!»

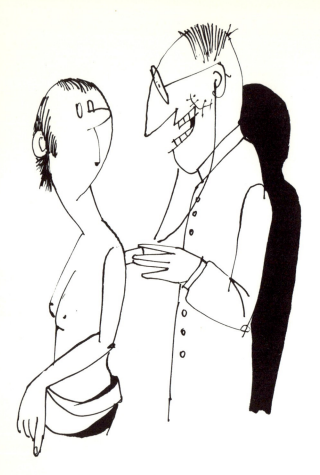

Man erzählt vom Zynismus eines Musterungsarztes. Ein Jüngling meldet bei der Aushebung Bedenken hinsichtlich Militärdienstleisten an. Grund:

«Ich iss kei Fleisch. Ich bi Vegetarier, us Überzüügig.»

Darauf der Arzt: «Dänn sind Sie jo i der Armee am richtigen Ort. Es mues doch für Sie es Vergnüege sii, vilicht emol töörfe is Gras z biisse!»

Des jungen Fallschirmsoldaten erster Sprung ist fällig. Sanft verängstigt fragt er einen mitfliegenden Leutnant:
«Herr Lütnant, cha bi däm Abschprung würkli nüüt passiere?»
«Gar nüüt!» beruhigt der Offizier.
«Und wenn de Fallschirm nid uufgoht?»
«Dänn ziehnd Sie d Leine vom Notschirm!»
«Und wänn dä jetz au nid uufgiengti?»
«Hä, dänn schriibed Sie halt nochär es Umteiligsgsuech!»

Und wieder fällt ein Schütze auf durch schlechtes Schiessen. Meint der Hauptmann: «Das chan ich nid begriife. Im Pruef sind Sie Schniider. Do müend Sie doch chöne ii-fädle, ohni mit de Hand z zittere.»
«Schniider bin ich scho», antwortet der Soldat, «und iifädle chani gwüss Gott au. Aber nid uf drüühundert Meter!»

Als einziger in der Kompanie nimmt ein Küchenchef jeweils Fressalien mit in den Urlaub. Begründung: «Mini jung Frau lehrt erscht choche.»

«Kari, do chum ich nid druus: bisch gsund, bisch schtarch, bisch gschiid, aber bim Militär nämeds dich nid!»
«Los», sagt der Jüngling aus reichem Hause, «ich verschtoh das au nid. Vor jedere Uushebig wett ich mit em Uushebigsoffizier um füüftuusig Schtei, das ich dasmol tauglich erchläärt wird. Aber jedesmol verlüür ich.»

«Bisch jetz doch ewägg choo vom Dienscht?»
«Jo, wäge Plattfüess.»
«Chumm, dasch doch ganz en Fuule, wäge däm lönds keine laufe!»
«Momoll, de Uushebigsoffizier hät gsait, ich wüürdi meh Schtroosse kabutt mache als der Armee öppis nütze.»

«Wievil Sold händ Sie?» fragt der Oberst einen Soldaten.

«Exakt sächs Franke zwenig.»

Woraus erhellt, dass er – 1978 – gern zehn Franken täglich kassiert hätte.

Ein Soldat erzählt: «Muesch lose, geschter bin ich ganz i de Nööchi vom Gäneral Guisan gschtande. Er schtoot drüü Schritt vor mir, lueged mer diräkt i d Auge...»

«Und dänn?» unterbricht die Gattin gespannt.

«Dänn isch er wiiter gloffe.»

«Werum sind Sie vo de Flügertruppe ewägg und händ sich umteile loo?»

«Mir isch es nu wohl bi offene Fänschter.»

Zwei junge Mannen sitzen in einem Restaurant.

«Du», sagt der eine und zeigt diskret auf einen Gast in einer anderen Ecke des Lokals, «isch das deet äne nid de Feldprediger, womer im Dienscht ghaa händ?»

«Dä deet? Jo, wär no möglich. Hätt scho öppis vonem, aber gäll, wie wotsch eine im Zivil käne, wo me immer nu inere Uniform gseh hätt, und dänn erscht no sälte.»

Sie werweissen noch kurze Zeit. Dann steht der eine von ihnen auf, geht langsam an den andern Tisch. Er will's genau wissen. Und fragt höflich:

«Äxgüsi, nüüt für unguet, aber min Koleeg und ich wetted schaurig gern...»

Da fährt der Gast ihn an:

«Lönd mich in Rueh, ihr Grasaffe, und mached, das er em Tüfel zuechömed!»

Die zwei jungen Mannen bezahlen ihre Zeche, verlassen das Lokal. Sagt der eine zum andern: «Jetzt wäärded mer halt nie erfahre, obs de Feldprediger gsii isch oder nid.»